中小学名师讲堂·素质拓展之校本教材系列丛书
本书系"战略合作伙伴学校联盟的实践研究"成果（课题编号：JG201728-380）

烽火中行走的"活新闻"
——范长江精神的影响与传承

艾艳萍　编　著

西南交通大学出版社
·成都·

图书在版编目（CIP）数据

烽火中行走的"活新闻"：范长江精神的影响与传承 / 艾艳萍编著. —成都：西南交通大学出版社，2018.11
ISBN 978-7-5643-6499-1

Ⅰ. ①烽… Ⅱ. ①艾… Ⅲ. ①范长江（1909—1970）－生平事迹－青少年读物 Ⅳ. ①K825.42-49

中国版本图书馆 CIP 数据核字（2018）第 240442 号

FENGHUO ZHONG XINGZOU DE HUOXINWEN
FANCHANGJIANG JINGSHEN DE YINGXIANG YU CHUANCHENG

烽火中行走的"活新闻"
——范长江精神的影响与传承

艾艳萍 / 编　著

策划编辑 / 梁　红
责任编辑 / 梁　红
助理编辑 / 郑丽娟
封面设计 / 曹天擎

西南交通大学出版社出版发行
（四川省成都市金牛区二环路北一段 111 号西南交通大学创新大厦 21 楼　610031）
发行部电话：028-87600564
网址：http://www.xnjdcbs.com
印刷：四川煤田地质制图印刷厂

成品尺寸　185 mm×260 mm
印张　6　字数　127 千
版次　2018 年 11 月第 1 版
印次　2018 年 11 月第 1 次

书号　ISBN 978-7-5643-6499-1
定价　15.00 元

图书如有印装质量问题　本社负责退换
版权所有　盗版必究　举报电话：028-87600562

前言
PREFACE

自然界浩浩荡荡的万里长江孕育了伟大的中华儿女，新闻界奔腾不息的"长江"开创了新中国新闻事业的辉煌！回顾范长江同志的革命历程，品读他的锦绣文章，仿佛看见他冒着生命危险在抗日前线悲愤激昂、为民立言的呐喊……长江同志无私无畏的革命精神，永远值得我们学习！

我们应当学习长江同志不畏艰难险阻、不屈不挠、坚贞不渝地追求真理的革命精神；学习他刻苦钻研马列主义、毛泽东思想，坚持实事求是、理论联系实际、善于研究新情况和新问题的科学态度；学习他光明磊落、言行一致、清正廉洁、对工作高度负责、对同志满腔热忱的高贵品质；学习他对共产主义理想坚贞不渝的崇高信念；学习他善于团结同志、密切联系群众、关心群众疾苦的优良作风。

在长江同志诞辰110周年即将到来之际，身处革命老区、长江故里的笔者，谨以此书让更多的人铭记他的光辉业绩，追随他的战斗足迹，弘扬他的革命精神，表达对他的深切怀念和最崇高的敬意！

一代代优秀的中华儿女将承载强国梦想，展翅翱翔，谱写世纪新篇章，不尽长江滚滚来！

目 录
CONTENTS

第一篇	长江简介	001
第二篇	人生历程	005
第一节	少年学子	006
第二节	青年求索	009
第三节	民主人士	019
第四节	革命战士	029
第五节	献身科学	039
第六节	蒙冤离世	041
第七节	平反昭雪	043
第三篇	卓越成就	047
第一节	光辉业绩	048
第二节	最高荣誉	050
第四篇	长江精神	051
第一节	刻苦努力	051
第二节	爱国主义	053
第三节	追求真理	054
第四节	不畏艰险	055
第五节	敢于探索	057
第六节	清正廉洁	058
第七节	热爱家乡	059
第八节	无私奉献	060
第五篇	优良家风	063
第一节	家风内容	064

第二节　家风故事 …………………………………… 065
　　第三节　长江家风 …………………………………… 067

第六篇　长江故里 ……………………………………………… 069
　　第一节　内江名人 …………………………………… 070
　　第二节　魅力田家 …………………………………… 071
　　第三节　长江故居（纪念馆） ……………………… 071
　　第四节　甜城特产 …………………………………… 072
　　第五节　甜城旅游 …………………………………… 074

第七篇　长江年表 ……………………………………………… 078

第八篇　余音犹存 ……………………………………………… 080

第九篇　实践活动 ……………………………………………… 082

附　录 …………………………………………………………… 084
　　附录一　社会主义核心价值观 ……………………… 084
　　附录二　校　赋 ……………………………………… 085
　　附录三　小学生日常行为规范（修订）……………… 086

参考文献 ………………………………………………………… 088

后　记 …………………………………………………………… 089

第一篇

长江简介

　　20世纪30年代,日本帝国主义加紧了对中国的侵略。一个危在旦夕的民族,在血雨腥风中呻吟,在内忧外患中挣扎……

　　不畏一切的威胁和压迫,不受任何利诱,本着崇高的气节,在任何一种环境下,为争取真理、为保持记者的立场而斗争。

——范长江

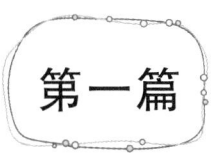 经典诵读

临江仙·滚滚长江东逝水

(明)杨慎

　　滚滚长江东逝水,浪花淘尽英雄。是非成败转头空。

　　青山依旧在,几度夕阳红。白发渔樵江渚上,惯看秋月春风。

　　一壶浊酒喜相逢。古今多少事,都付笑谈中。

nán xiāng zǐ dēng jīng kǒu běi gù tíng yǒu huái
南 乡 子·登 京 口 北 固 亭 有 怀

（宋）辛弃疾

hé chù wàng shén zhōu mǎn yǎn fēng guāng běi gù lóu qiān gǔ xīng wáng
何 处 望 神 州？满 眼 风 光 北 固 楼。千 古 兴 亡

duō shǎo shì yōu yōu bú jìn cháng jiāng gǔn gǔn liú
多 少 事？悠 悠。不 尽 长 江 滚 滚 流。

nián shào wàn dōu móu zuò duàn dōng nán zhàn wèi xiū tiān xià yīng xióng
年 少 万 兜 鍪，坐 断 东 南 战 未 休。天 下 英 雄

shéi dí shǒu cáo liú shēng zǐ dāng rú sūn zhòng móu
谁 敌 手？曹、刘。生 子 当 如 孙 仲 谋。

范长江

范长江（1909—1970），原名范希天、范睦，1909 年 10 月 16 日生于一个没落的地主家庭。他是中国无产阶级新闻事业的开拓者和领导人之一，中国现代新闻史上最杰出的新闻记者、新闻学家，中国科技战线卓有成就的领导人。

1935 年 7 月初，他以《大公报》旅行记者的身份，由京津回川。7 月中旬，他从成都出发，进入西北地区，作考察旅行，写出了大量脍炙人口的通讯。后将所写通讯汇编成《中国的西北角》一书，成为新闻界的不朽名著。他首次向国统区广大读者报道了有关红军长征的消息，在全国引起轰动。1936 年 12 月，西安事变发生后，他冒险进入西安，之后很快进入红都延安，成为第一个进入延安采访的国统区的新闻记者，受到毛泽东等中共中央领导同志的亲切接见，并有幸和毛泽东同志进行了 “竟夜之谈”。他根据毛泽东同志的指示，火速回到上海，抢在国民党代表大会期间，发表了《动荡中之西北大局》一文，“第一次向全国公开地报道了西安事变的真相和我党的正确政策”。《动荡中之西北大局》一文，对中国共产党提出的抗日民族统一战线在全国尽快实现，起到了积极的推动作用。

1939 年 5 月，经周恩来同志介绍，范长江加入了中国共产党。从此，在党的领导下，无论环境多么恶劣，条件多么艰苦，他都充满着革命的激情，努力工作，为中国人民的解放事业做出了积极的贡献。中华人民共和国成立后，他先后在国家新闻、科技部门担任领导工作，为我国新闻和科学事业的建设、发展做出了重要贡献。

“文化大革命”期间，范长江受到“四人帮”的残酷迫害，长期被关押，受尽折磨，1970 年 10 月 23 日在河南确山不幸离世。1978 年，范长江同志得以平反昭雪。

范长江曾任《大公报》记者,中国青年新闻记者协会发起人及主要负责人,国际新闻社、《华商报》《新华日报》(华中版)、华中新闻专科学校的创立者和负责人,国共谈判中国共产党代表团新闻发言人,中央纵队第四大队大队长,《人民日报》(北平版)、新华社北平分社创始人及负责人。历任《解放日报》社社长和总编辑,新华社总编辑,《人民日报》社社长,中央人民政府新闻总署副署长,国家科委副主席,中国科协党组书记等职务。他撰写的主要作品有《中国的西北角》《塞上行》《西线风云》《通讯与论文》等。

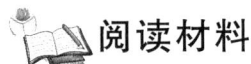 阅读材料

忆中学同学范长江

高允斌

我和范长江同志(读书时学名范睦)是在1923年秋同时考入内江县当时唯一的内江县中十六班读书的。这期考入县中十六班的学生名额超过以往任何一期,有入学新生120余人。其中,来自乡镇的占了三分之二。这批学生知识基础参差不齐,半数以上仅仅读过私塾,虽然文科底子深厚,但在数、理、化学科方面都处于启蒙状态;有少数学生来自普通小学校,理科都有一定的基础。在年龄上也差距大,年满20岁以上的有半数以上,15岁以下的只有几个人,我和范长江同志就是全班年龄最小的两个。

我们私交很好,开学以后不久,范长江同志就表现出思想敏锐、求知欲强、勤奋好学的特点。他除课堂上认真倾听老师讲课外,课堂以外的时间无不争分夺秒,如饥似渴地复习功课。在第一期考试中,他曾因自己未名列前茅而暗地抱怨。从那以后,长江同志就以"不到长城非好汉"的雄心和毅力,更加勤奋学习,绝不虚度时光。每当夜深人静,同学们早已灭灯就寝,而他却还在"开夜车"。

"一分耕耘,一分收获。"第二学年开始,长江同志终于名列前茅,后几学期都名列第一。他这种力争上游、立志赶超的意志和精神,值得我们学习。

(节选自胡愈之、夏衍等著:《不尽长江滚滚来——范长江纪念文集》,群言出版社1994年版。)

快乐行动

1. 参观范长江故居（纪念馆），把范长江成长故事通过QQ、微信或微博分享给他人。
2. 查阅资料，了解20世纪初期中国的社会状况。
3. 你知道对联吗？请你给同学们分享1~2副对联，并书写出来。

第二篇

人生历程

范长江先后在中法大学重庆分校、南京中央政治学校及北京大学读书，并先后参加爱国示威活动、"八一"南昌起义、抗日救亡运动，后投身新中国新闻事业和科技事业。范长江的人生历经坎坷，成功完成了三次人生选择：第一次走出四川，多番探索，成为叱咤风云的爱国民主人士；第二次当记者，献身新闻事业，成为中国新闻界的旗帜；第三次投身新民主主义革命，以身许国，成为坚定的无产阶级革命战士和中国新闻事业的开拓者！

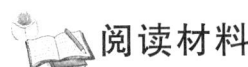 阅读材料

中国工农红军长征

1933年9月—1934年夏，中央苏区红军参加第五次反"围剿"作战。由于当时中共中央领导人博古和共产国际派来的军事顾问李德（德国共产党党员）先是实行冒险主义的进攻战略，后又实行保守主义的防御战略，红军多次失利，苏区范围越来越小。1934年第五次反"围剿"失败，红军被迫实行战略性转移，退出中央根据地，进行长征。

中国工农红军长征又名"长征"，它起自1934年8月湘赣苏区的红六军团西进，同年10月间，中央红军主力离开中央苏区开始长征；同年11月和1935年4月，在鄂豫皖苏区的红二十五军和在川陕苏区的红四方面军分别离开原有根据地开始长征；1935年11月，在湘鄂西苏区的红二、红六军团也离开根据地开始长征。1936年10月，红军第一、第二、第四方面军在甘肃会宁胜利会合，标志着长征的胜利结束。

长征途中，中央红军共进行了380余次战斗，攻占700多座县城，牺牲营以上干部多达430余人，共击溃国民党军数百个团，共经过14个省，翻越18座大山，跨过24条大河，蹚过荒草地，翻越大雪山，行程约二万五千里。

长征是人类历史上的伟大奇迹!

快乐行动

1. 红军长征走过哪些省?请画出红军长征路线图。
2. 观看有关长征的影视作品,并把英雄故事分享给你的家人。
3. 查阅范长江报道长征的通讯作品,并认真品读,制作以"红军长征"为主题的手抄报。

第一节　少年学子

范长江同志出生于一个没落的封建家庭,少年时代学习刻苦、成绩优异、勤俭节约,主动为母亲分忧。这一阶段他秉承优良家风,在祖父和新思想的影响下,播下了启蒙思想的种子,有了最初的爱国情怀。

经典诵读

岳阳楼记

（宋）范仲淹

庆历四年春,滕子京谪守巴陵郡。越明年,政通人和,百废具兴。乃重修岳阳楼,增其旧制,刻唐贤今人诗赋于其上。属予作文以记之。

予观夫巴陵胜状,在洞庭一湖。衔远山,吞长江,浩浩汤汤,横无际涯;朝晖夕

阴，气象万千。此则岳阳楼之大观也，前人之述备矣。然则北通巫峡，南极潇湘，迁客骚人，多会于此，览物之情，得无异乎？

若夫淫雨霏霏，连月不开，阴风怒号，浊浪排空；日星隐曜，山岳潜形；商旅不行，樯倾楫摧；薄暮冥冥，虎啸猿啼。登斯楼也，则有去国怀乡，忧谗畏讥，满目萧然，感极而悲者矣。

至若春和景明，波澜不惊，上下天光，一碧万顷；沙鸥翔集，锦鳞游泳；岸芷汀兰，郁郁青青。而或长烟一空，皓月千里，浮光跃金，静影沉璧，渔歌互答，此乐何极！登斯楼也，则有心旷神怡，宠辱偕忘，把酒临风，其喜洋洋者矣。

嗟夫！予尝求古仁人之心，或异二者之为，何哉？不以物喜，不以己悲；居庙堂之高则忧其民；处江湖之远则忧其君。是进亦忧，退亦忧。然则何时而乐耶？其必曰"先天下之忧而忧，后天下之乐而乐"乎。噫！微斯人，吾谁与归？

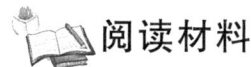 阅读材料

启蒙思想

范长江祖居在四川省内江县田家乡赵家坝（现四川省内江市东兴区田家镇赵家坝社区），四世同堂，是个封建大家庭。据《范氏族谱》记载，内江范氏家族系北宋著名政治家、文学家范仲淹的后裔，按谱系范长江为范仲淹第 31 代孙。

范长江的祖父范延馨是清末秀才，反对科举，反对写八股文，推崇先祖范仲淹，主张个人奋斗，建功立业。他有五个儿子，分为五房，范长江家是第四房。范长江的父亲范云菴有三个儿子，长子范希天（即范长江），老二范钧天（又名范次希），老三范立天（现名范长城）。在叔伯子女里，范长江排行第八。范长江自幼就随堂兄弟跟着祖父学习识字读书。在祖父的教诲下，年少的范长江对《三字经》《百家姓》《增广贤文》《弟子规》等诗文几乎可以倒背如流。他时常念着先祖范仲淹"先天下之忧而忧，后天下之乐而乐"的名言，用以鞭策自己。

20 世纪初叶，维新思想已传入内江。范延馨喜欢看"新书"，支持青年人做文学家、诗人、科学家等，主张个人奋斗。他经常向范长江灌输新观念，鼓励他努力奋斗，勇于进取，做未来的文学家、科学家、实业家，以及谋臣、策士。范长江受到祖父的影响，在心里早早地播下了启蒙思想的种子。这激起了他个人奋斗的爱国豪情，沸腾了他的报国热血。1921 年开始，范长江先后在田家小学、松柏乡小学读书。仅两年时间就以优异的成绩越级升学，考入内江县立中学。1924 年，在全国反帝反封建的革命影响下，学校里进步同学组织"警觉青年谈话会"，范长江为积极分子。中学期间，范长江热衷于各种社会活动，支持北伐战争，成为"不务正业"的学生，范家长辈出面干涉。因为自己的爱国行为得不到家人和学校的理解，他感到十分压抑。1926 年春，范长江因成绩优异，考入位于资中县城的"四川省立第六中学校"（现资中一中）。

艰苦童年

范长江六七岁时，范家已经家道中落，祖父已不过问家事，由大伯父当家。家里有田二十多亩，常年雇一个长工，农忙时再临时请 1～2 个短工。次要农活如晒稻谷、种红薯、种玉米等，家庭成员都要参加劳动。平时，家庭成员还要纺纱织布，大伯父把成品拿到市场上卖，换回的钱用于贴补家用。每半个月或一个月家里可以吃上一次肉，但是每次的肉都很少。在长江童年时，父亲范云菴在四川封建军阀队伍中任排级军官，很少回家，也没有寄什么钱回来；母亲的娘家也很穷，没有钱贴补范长江家。因此，各房里范长江一房地位最低，也最穷。

田家小学离范长江家有十几里路，范长江在田家小学上学时，每天天不亮就得出门，晚上才能回家。范家虽是大家庭，但是早已家道中落，范家各房小孩读书由各房自己出钱。范长江读书的费用，全是母亲一个人加班加点替人做针线活赚来的

工钱和自己在过年时所得的压岁钱等积累起来的，有时长江还挑些东西到集上去卖了赚取学费。为了减轻母亲的压力，节省家庭的开支，孝顺的范长江每天从家里带上锅、米、菜，沿路再捡些干的树枝、杂草等，中午自己生火煮饭来吃。范长江在小学、中学阶段共读了六年书，没有买过新衣，也没有买过新鞋，穿的全是大人改小的旧衣服和补了又补的鞋子。

贫苦的生活和别人的歧视没有压倒范长江，反而让他更早地看清了社会的不平。童年的艰苦生活虽然带来了许多不幸，但造就了他的平民意识与自强不息的精神。

（沈谱编：《范长江新闻文集》，中国新闻出版社1989年版。）

快乐行动

1. 诵读《三字经》《百家姓》《增广贤文》《弟子规》，并背诵其中一段。
2. 对40~60名同学就"压岁钱"的用途进行问卷调查，让他们写出自己的感受，并分享到微信朋友圈。
3. 参加一次家务劳动的竞赛活动，并写一篇通讯。

第二节　青年求索

范长江同志青年时期思想进步，勤奋向上，成绩优异。1927年年初进入中法大学重庆分校学习，参加了重庆"三三一"反帝爱国运动。其后到武汉参加革命军，随军开赴南昌参加了"八一"南昌起义。后因学生营在潮州被打散，寻找部队未果，辗转颠沛，带病行乞，濒临死亡。经人治救，为了生活不得不进入国民革命军教导二师军医院当看护兵。1928年到南京考入国民党中央党务学校学习，1932年进入北京大学哲学系学习。1933年参加辽、吉、黑、热抗日义勇军后援会赴热河劳军，发起组织北大学生长城抗战慰问团，组织北大"一九三六"研究会。这一阶段的主基调是"探索"。

经典诵读

quàn xué shī
劝　学　诗
（唐）颜真卿

sān gēng dēng huǒ wǔ gēng jī　zhèng shì nán ér dú shū shí
三　更　灯　火　五　更　鸡，正　是　男　儿　读　书　时。

黑发不知勤学早，白首方悔读书迟。

王冕好学

（明）宋濂

王冕者，诸暨人。七八岁时，父命牧牛陇上，窃入学舍，听诸生诵书；听已，辄默记。暮归，忘其牛。或牵牛来责蹊田者。父怒，挞之，已而复如初。母曰："儿痴如此，曷不听其所为？"冕因去，依僧寺以居。夜潜出，坐佛膝上，执策映长明灯读之，琅琅达旦。佛像多土偶，狞恶可怖；冕小儿，恬若不见。

安阳韩性闻而异之，录为弟子，学遂为通儒。性卒，门人事冕如事性。时冕父已卒，即迎母入越城就养。久之，母思还故里，冕买白牛驾母车，自被古冠服随车后。乡里儿竞遮道讪笑，冕亦笑。

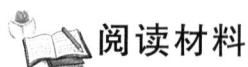 阅读材料

寻找出路

1927年年初，长江同志经同乡黎灌英介绍，去吴玉章创办的中法大学重庆分

校学习。进入学校时间不长，即发生"三三一"惨案。在这场屠杀中，范长江尽力维护同学的安全，组织大家疏散，撤退体弱的同学，最后他头部受伤，昏倒在遇难者中。当天死亡 400 多人，受伤千人以上。傍晚醒来，他爬出尸堆，佯装成收尸者，骗过了四周放哨的士兵，悄悄向城内走去。当他返校时，得知学校被查封，许多师生被逮捕了，他不得不到姑父伍心言家暂时避难。到了夏天，范长江前往武汉，加入贺龙部下的第三师教导团学生营，参加了"八一"南昌起义，并取得了胜利。后来为了摆脱宁汉敌人的联合反扑，起义部队向广州开拔。由于长江所在的部队处于孤立无援的境地，在潮州被打散了。长江一个人跑到汕头寻找部队，"中国国民党革命委员会"的横幅标语还在，军队和领导机关早已撤走了，街道上都是散兵、伤兵、病兵。长江生活无着落，沦为乞丐。身上仅有的单衣、短裤怎能抵御严冬的寒风？身体单薄的长江病倒在街头，奄奄一息，被收死尸的人收到一堆，几乎一起埋了。幸运的是，身边的战友和革命群众尽心地照顾他，长江的身体才渐渐有所好转。

蒋介石是"国民党"，他的军队是"国民革命军"；汪精卫、张发奎也是"国民党"，他们的军队也是"国民革命军"；南昌起义的组织者叫"中国国民党革命委员会"，军队也叫"国民革命军"。在南昌、会昌、潮州和长江他们作战的部队都是"国民革命军"，为什么"革命军"要打"革命军"，自己人打自己人？他当时思想糊涂了。但是，长江同志很快意识到这种仗不能再打了，要先弄清楚到底是怎么回事再参加战斗；其次不能回四川，以免长辈们嘲笑他，而且四川也没有他想走的道路。

他看不清前进的方向，加上要吃饭，还要花钱治病。经过深思熟虑后，长江做了决定：离开部队，靠近大城市，找地方读书，弄清楚中国革命的出路问题，在读书中寻找出路，再投入革命斗争。

（方蒙：《范长江传》，中国新闻出版社 1989 年版。）

时代先锋黎灌英

黎灌英（1895—1928）又名冠英，1895 年 8 月 2 日出生在四川省内江县蟠龙冲（今内江市高新区胜利街道）的一个商人家庭。1926 年 2 月组建了中共内江县特别支部，黎灌英任特支书记。1927 年 10 月组建中共郫县临时县委，黎灌英任县委书记。1928 年 4 月任绵竹县委书记。在他的领导下，农民抗捐抗税运动进行得如火如荼，反动当局极为恐惧。

1928 年 7 月 4 日拂晓，黎灌英组织的农民起义军正欲攻城时，伏兵四起，疯狂袭击，起义军被围困在城外毫无遮掩的平坝上。尽管起义军英勇还击，终因敌我力量悬殊而伤亡严重。黎灌英当机立断，命令起义军分散突围。告密者谭尊五（原民团大队长）佯装护送黎灌英和张民宽、李晏蟠两名战士，来到汉旺至马尾场的一棵大枣树下，谭尊五撕下假面具，威逼黎灌英等人投降。黎灌英断然拒绝，同谭尊五及其随从进行英勇搏斗,因寡不敌众被擒。敌人以死相逼,黎灌英等人正气凛然,痛斥谭尊五。谭尊五气急败坏,下令将三人乱刀砍死。黎灌英壮烈牺牲,年仅33岁。

1981年12月14日,成都市西城区民政局批准黎灌英为革命烈士。1992年,内江市革命烈士陵园为黎灌英建墓树碑,供后人瞻仰祭奠。

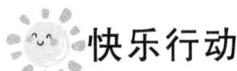
快乐行动

1. 收集南昌起义史料,讲述南昌起义故事。
2. 制作关于南昌起义的手抄报,在班级展出。
3. 瞻仰革命烈士陵园,写一篇通讯,将照片和感想与其他人分享。

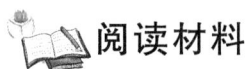
阅读材料

前途迷茫

经人治救病愈后,为了生存,范长江去了国民革命军教导二师军医院,跟着打仗的军队做了一名不用打仗的看护兵。1928年夏,他在皖北看到一张旧报纸——上海《申报》,上面载着南京电,说中央党务学校招生,一律公费,大喜,请了长假去南京参加考试,可惜招生考试已经结束了。长江同志在南京举目无亲,生活住宿都无着落。正当走投无路时,中央军校第六期学生周裕猷告诉他,国民党中央党务学校还要招生,并资助了他。后来,长江同志终于如愿地考入了这所学校免费就读。该校和黄埔军校一样,校长是蒋介石。

在校三年半时间,他如饥似渴地读书,探索振兴中华的道路。他的思想迅速发展,知道了"三民主义",认为三民主义才能救中国。他看到了国民党不积极抗日,却集中力量围剿红军,宣扬"攘外必先安内"的不抵抗主义;知道了"蒋桂战争",与冯玉祥、阎锡山等的战争,与汪精卫的斗争不断;了解到长江流域洪水泛滥,处处都是灾民。国民党上层贪污腐化,口是心非,每天背诵孙中山先生的遗嘱,实际上并没有真正实行三民主义,长江失望极了。后来,他有机会选修了乡村行政系,主动放弃了升官的机会,准备"将来在穷乡僻野中建立一个理想的世界",走教育报国的道路,抛弃三民主义救中国的思想,朝着对社会改良的目标前进。

"九一八"事变爆发,再一次改变了长江的人生轨迹。一夜之间,东北三省被日本侵略者占领了,稍有爱国情怀的人都是不能接受的。长江非常激愤,但校方却无动于衷,漠然视之。有一次在操场点名时,范长江主动站出来,作了一番慷慨激昂的演讲,同学们感动得痛哭流涕。在学生的压力下,校方不得不做出一点让步,但担心在城里影响太大,让学生到郊区游行,做些抗日活动,以此安抚学生。范长江看出来了,这种游行活动根本起不了太大作用,学校支持是假的。1931年年底,长江愤然离开了苦读了三年半,还有半年就完成学业的中央党务学校,抛弃了即将踏上的"光宗耀祖"仕途,去寻找新的出路。

(选自沈谱编:《范长江新闻文集》,中国新闻出版社1989年版。)

为中华之崛起而读书

周恩来12岁那年,因家庭贫困,只好离开苏北老家,跟伯父到沈阳读书。下了火车,伯父指着一处繁华的市区,告诉周恩来不要到那里去玩,那里是外国租界。周恩来奇怪地问:"这是为什么?"伯父告诉他:"中华不振呀!"

有一天,他和好朋友路过租界,看见租界门口竖立着一块告知牌,上面赫然写着:"华人与狗不得入内。"周恩来和好朋友强压着怒火,默默地下定决心:一定要好好学习,将来保家卫国,让中国强大起来,不再受外国人的欺侮。这时,一位衣衫褴褛的妇人因丈夫被洋人汽车碾死无处申冤,倒在地上不停地哭诉。回到家里,周恩来心情越发沉重。

一次,校长来上课,他问同学们为什么读书。周恩来响亮地回答:"为中华之崛起而读书!"

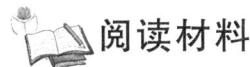

快乐行动

1. 去图书馆查阅周恩来总理的史料,向家人讲述周总理的故事。
2. 理解"攘外必先安内"的含义,写一篇以"落后就要挨打"为主题的演讲稿。
3. 查阅史料,了解"三民主义"提出的时代背景和它的深刻含义。

阅读材料

半工半读

范长江看穿了国民党的腐化无能,决定离开学校,离开国民党,寻找新的出路。1931年年底,长江愤然离开苦读了三年半,还有半年就完成学业的中央党务学校。由于学校管理非常严格,他只能利用星期天休假的机会,偷偷离开学校跑去北平。

他没有带走国民党中央党务学校的任何东西，就连穿走的那双橡胶鞋，长江也把钱寄给了学校，不再保留国民党的一点东西，他要彻底与之决裂。

在北平找工作很难。范长江由朋友常殿恺的哥哥介绍认识白寿彝，白寿彝是师范大学的教师，正帮助北师大教授黎锦熙编一本《国语大词典》。白寿彝同意范长江帮助做些剪贴工作贴补生活费用。剪贴工作是计件工资，每剪贴一千份，工资可得一角，衣、食、住、行等全部费用都是范长江自己负责。如果整天工作，每天可得四五角的工资，工作半天可以得到两三角工资。长江高兴极了，有了这份工作，生活有了着落，还有时间看书。长江每天工作半天，另外半天去北平图书馆看书。他每天吃两顿饭，每顿五分钱的花销，和当时的洋车夫水平差不多。伙食费、房租费和灯油费等，每月开销六七元。有时生病停工，就没有吃的，常常挨饿。很多人称赞他，但常常有人担心他有饿死的危险。

长江曾写信给北平图书馆馆长袁同礼，请求到图书馆做工人，不要工资，只需要提供食宿，并允许他借图书看，但没有被批准。《国语大词典》的剪贴工作很快结束了，长江和朋友们学着做卖豆浆、面包的买卖。他一边工作，一边坚持到北平图书馆看书。由于缺乏经验，经营不善，不久生意也做不下去了。再一次遭遇生活上的困境，他不得不四处寻找新的工作来维持生计，然后坚持读书。无论处境多么艰难，长江同志始终坚信要从读书中寻找中国出路，从未停止过他的读书计划。

范长江笔下的共产党人

对周恩来的印象："四日午后经朋友介绍，我们在杨虎城公馆看到了周恩来先生，他有一双精神而朴质的眼睛，黑而粗的须发，现在虽然已经剃得很光，他的皮肤中所藏浓黑的发根，还清晰地表露在外面。穿的灰布棉衣，扎着士兵式的小皮带，脚缠绑腿，口音夹杂着长江流域各省的土音，如果照普通谈话的口音推断，很有点像江西人。"

对博古的印象是："路上和博古先生谈起天来，他曾一度做过中国共产党总书记，现任中华苏维埃政府西北办事处主席。……在苏区是很有力量的。他今年才刚30岁，身材中等，很有学生活泼气。我们首先谈战争，特别是关于红军行动的经过。"在长江的笔下，博古是一个很活泼的知识分子。

对毛主席最初的印象："他是书生外表，儒雅温和。走路像诸葛亮'山人'派头，而谈吐之持重与音调，又类村中学究……只是头发稍微长了一点。"毛主席住的窑洞陈设极其简单、朴素，"除了一张大炕之外，还有一张木椅，一张桌子，一条凳子，桌上燃起油烛……他用脑过度，脑血管膨胀，经常兴奋，不容易睡着，神经受点影响……他平时很爱读书，外间舆论的趋势，他很清楚的和我谈论。"

在长江的笔下，他们是一个个有远见卓识、书生意气、亲切感人的人物。

（选自沈谱编：《范长江新闻文集》，中国新闻出版社1989年版。）

快乐行动

1. 在学校开展做家务的问卷调查,每人写一篇通讯稿。
2. 开展感恩活动,为长辈洗脚、剪指甲,给父母写一封信,并将视频分享到朋友圈。
3. 认真阅读《范长江笔下的共产党人》,学习描写人物的方法,学会抓住人物特点,写一篇作文。

阅读材料

加入抗日后援会

1931年"九一八"事变以后,日寇大举侵略中国,当时辽宁西部残留的东北系统部队和奋起反击日寇的民众义勇军,在日本军队大举扫荡之下,已陆续撤到热河和山海关内。在这种背景之下,国内爱国同胞要求筹建抗日后援会,集合群力,团结抗日。

1932 年春天,"辽、吉、黑、热民众抗日后援会"在北平成立,主要负责东北各地抗日义勇军和各地方抗日部队的粮饷、枪械、弹药、服装、医药和款项的筹集与运输。同年秋,因罗家伦给长江抄来了一份学习成绩单,他免考进入北大,又从哲学系一年级读起。教授张顾对这个热心黑格尔哲学的学生十分器重,要他从希腊哲学读起,并要从亚里士多德以前的古哲学派别读起,先补习英文和德文。1932 年下半年,范长江已在北大苦读了半年,他不是在课堂,就是在图书馆,一切学生活动都没有参加,总想学通哲学这个武器,解决 1927 年以来所积累的思想问题,弄清中国的出路,也就解决了他个人出路问题。1933 年 1 月,日寇攻占山海关、北平、天津一带,横行无忌。范长江意识到,他原定的从读书中找出路的方针行不通了,被证明是错误的,但也看不出其他的出路。他想:"只有先投入实际的抗日战争,在实际斗争中找出路。"随后,范长江加入了朱庆澜将军领导的抗日后援会,参加"北大学生长城各口抗日将士慰问团",先后去喜峰口、古北口、冷口、独石口慰问过。慰问结束后,长江觉得抗日战争迟早总要发生,又进北平图书馆去查资料,研究军事问题。为了生活,长江开始向北平《晨报》投稿,逐步当上特约通讯员,借以做些抗日宣传工作;并在私立精业中学兼职教授地理课,增加一点收入。

屈辱历史

"九一八"事变(又称奉天事变、柳条湖事件)是日本在中国东北蓄意制造并发动的一场侵华战争，是日本帝国主义侵华的开端。1931年9月18日夜，在日本关东军安排下，铁道"守备队"炸毁沈阳柳条湖附近日本修筑的南满铁路路轨，并栽赃嫁祸于中国军队。日军以此为借口，炮轰沈阳北大营，"九一八"事变爆发。次日，日军侵占沈阳，又陆续侵占了东北三省。1932年2月，东北全境沦陷。此后，日本在中国东北建立了伪满洲国傀儡政权，开始了对东北人民长达14年之久的奴役和殖民统治。

山海关战斗发生于1933年1月2日至3日的中国河北山海关一带，是抗战初期的主要战斗之一。交战一方为中国守军，属于中华民国国民革命军之东北军第九旅，另一方则为日本之中国派遣军。中方指挥者为临（榆）永（平）警备区司令部司令何柱国，日方则为日本秦榆守备队队长落合正次郎。最后，日军获胜，东北军主力营长安德馨阵亡。1月3日，日军占据并控制山海关全境，取得了进攻热河的有利态势。在此次战斗中，国民政府无动于衷，完全是中国守军孤军奋战。最终山海关沦陷，日军由此从关外进入到关内。自"九一八"事变以来，人民生活在水深火热之中。这段屈辱的历史，再一次证明国民党统治的腐败无能。

快乐行动

1. 学唱《地道战》《解放区的天是明亮的天》等革命歌曲。
2. 收集抗战标语，制作抗战专题宣传板报，并在QQ、微信或微博朋友圈"晒一晒"。
3. 查阅十四年抗战史料，召开抗战英雄故事会，写一篇通讯。

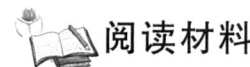

阅读材料

锋芒初试

1934年10月，范长江联合北平《世界日报》《北方日报》等几家报纸的通讯记者，在北大学生中策划了一起同日本留学生对话的活动。这是因为当时日本留学生进入北大主要是受日本军部派遣，负有某种特殊使命。范长江等人主要是想通过这种迂回的办法，用中日学生对话这种形式，通过他们的口，暴露日本学生的真面目。

这次对话采取了北大通讯记者举行茶会欢迎的形式，到会的北平各报和北大通讯记者6人，日本留学生4人。范长江以主席的身份致辞，表示以同窗之谊欢迎，日本留学生致答词。随即双方就青年问题、政治问题、社会问题等开始一对一的恳谈，时间长达两个多小时。范长江把这次谈话内容整理出来，并于第二天发表在北平《晨报》教育版的头条位置上。文章内容充分揭露了日本想进一步侵略中国的野心，以警示国人。

在本次会谈中，四名留学生虽然受过种种训练，但是在范长江、马汝邻等的追问、奇袭下，也露出了蛛丝马迹。1936年夏天，长江同志已经担任了《大公报》记者，在东北火车站，遇见了当年参加谈话的西由五郎。长江问他在哪里就业，西由五郎吞吞吐吐，红着脸说："太原……特……务……机……关。"这完全证实了当时对这些"留学生"估计的正确性。马汝邻评价说，与日本留学生的谈话是长江的"锋芒初试"。他说："长江从事新闻工作之始，便能敏锐地发现重大的引人入胜的新闻题材，团结并组织同业共同活动。在进行中，他布置得细致深入，大胆和机智，是令人叹服的。"

范长城其人

《农村金融报》特约记者　黄维华　1992年5月10日

自70年代末以来，在我国一些较有声望的报刊上经常出现署名"范长城"的文章，或介绍范长江青少年时代的故事，或研究范长江的新闻思想。他，就是范长江的胞弟范长城同志，今年72岁。

范长江三弟兄，长江是老大，大弟弟在抗日前线壮烈牺牲，小弟弟范立天抗战时在重庆育才学校读书，后来参加了我党领导下的四川地下斗争，参加和领导过几次反蒋武装暴动，中华人民共和国成立后赴西藏工作，后回内江在文工团作编剧工作。他利用工作之余，写了不少范长江青少年时代鲜为人知的故事，还写了许多研究范长江新闻思想的理论文章。这些故事和文章，作者都署名"范长城"。一个长江，一个长城，真有意思。长城的大儿子赴美考察后，回国在中央农业部工作。其他子女媳妇在本市电影公司、电视台、内江报社工作，有的人在工厂当工人。范长城的妻子是个女强人，退休后不但积极协助丈夫工作，还组织和创建了本市一个队伍庞大的老年协会，白发苍苍的老太太带头跳老年迪斯科，到全省各地参加运动会。

长城在剧团创作了不少剧本，他编排的反映范长江在西安事变现场采访活动情况的话剧《第一次不平凡的采访》，影响巨大，使他名声大振。因病离休后，他住在市中区一处幽静简朴的住房里，静心读书，继续潜心研究范长江新闻思想理论，时而参加社会活动，时而写文章，时而出席理论研讨会，成了个大忙人。他执笔编写的十集电视连续剧《范长江》，在全国各地收集了大量第一手历史资料，前两集的初稿已基本完成。他为范长江新闻思想的研究、为《范长江传》和《范长江新闻文集》的出版、为将来在本市建立范长江纪念碑、为以后拍摄大型文献纪录片《范长江》和十集电视连续剧《范长江》，做出了不可磨灭的贡献。

1991年亚运会前夕，长城和夫人王进坤去北京探望长江夫人沈谱。沈谱一直留在范长江新闻奖基金会工作。由于他们双双都担任了内江市东兴区人民广播电台所编的《范长江故乡的农民记者沙龙活动》一书的编辑工作，不久将回到甜城。

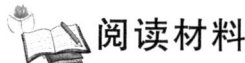 快乐行动

1. 以"强国梦想"为主题，开展讨论会，写一篇通讯。
2. 观看《壮士出川》《川东游击队》《抗日奇侠》等影视作品，讲抗日英雄故事。
3. 班级开展以"书中人物大家谈"为主题的口语交际活动。
4. 做阅读达人，学会阅读方法，制作精美的新书推荐卡，并分享给朋友。

阅读材料

涉足新闻

在中央党务学校学习期间，范长江积极参加爱国活动，很注意研究时事。有老师说他以后会成为一名记者，可他却不知"记者是怎么回事"。他读了不少书，还拼命学习德语、日语。除了上课之外，他就去图书馆，还经常运动，治愈了流浪时落下的痢疾，身体也逐渐强壮起来。范长江喜欢研究时事，特别是"九一八"事变后，他感到全面抗战迟早都要爆发，抗战的后方一定是西北。他开始关注中国的西北，开始研究西北的红军。他认为，团结抗战是必然的，中国的问题是如何团结抗战。正是有了这些基本判断，范长江开始他最初的报道之旅。

1933年，范长江以"热河战地记者"的名义随队前往热河，兼给南京的《新中国报》和《民生报》写战地通讯。1934年北大学生闹军训，学生们不满北平市国民军训委员会副主任李亚雄，决定发表宣言，向社会控诉。1934年12月，长江同志在《北平晨报》上作了连续报道，支持学生们的抗议。1934年写的"北平通讯"竟让《大公报》感到了压力。

长江同时为《北平晨报》和天津《益世报》写通讯稿，由于他文笔精练、视角独特，引起了天津《大公报》社的注意。1934年下半年，在天津享有很高声誉的《大公报》主动邀长江为固定撰稿人，并且稿费比原来增加一倍，条件是不要给《益世报》写通讯，每月固定稿费十五元。《大公报》总经理兼副总编辑胡政之先生还亲自前往北平与之见面，邀请他加入《大公报》。胡政之见了范长江，他们进行了亲切的交谈。谈话后，胡政之先生私下评价范长江："才华很高，恐将来不易掌握。"胡政之先生是一位非常卓越的报社领导人，他用老报人的眼光，清楚地看到了范长江独特的个性和独立思考的无可限量。从这样的评价中，足见长江同志才华之高，见解之独到。

胡政之

胡政之（1889—1949），四川成都人。新记《大公报》创办人之一，任总经理兼副总编辑。胡政之开创了《大公报》，和张季鸾等一起走出了一条百年报业的"新路径"，创造了中国报业史上一个难以跨越的高峰。在报业经营管理上，他十分用心，并且创造了一系列独具风格的办报经验。他见识广博，洞明世事，一生有为有守，在动荡的乱世中始终保持着开明的态度和冷静的头脑。

作为报人，他有着被新闻史家方汉奇称为"在旧中国新闻界并世无两"的经历。1919年，他曾以记者身份前往欧洲采访巴黎和会。他是到会的唯一一位中国记者，这也标志着中国记者采访重大国际事件的开始。1945年4月，联合国成立大会在美国旧金山举行，他以中国新闻界代表和国民参政会参政员之身份，作为中国代表团成员参会，并在《联合国宪章》上签字。

快乐行动

1. 范长江"才华很高"的主要原因是什么？学会制订自己的学习计划和目标。
2. 在网上查找和阅读有关抗日故事，并分享给你身边的朋友听。
3. 到图书馆阅读有关胡政之和范长江的故事，写一篇读后感，并在微信朋友圈"晒一晒"。
4. 摘抄歌颂范长江和胡政之的诗，并分享给你的家人、同学或朋友。

第三节　民主人士

1934年下半年，天津《大公报》邀长江为固定撰稿人。该报倡导"不党，不卖，不私，不盲"的"四不"办报方针，在全国享有很高的声望。从此，长江开始系统研究苏区的土地问题，并到南昌秘密阅读关于苏区的文件。1935年5月，他以《大公报》旅行记者身份开始著名的西北地区考察之行。1936年12月12日，"西安事变"发生，长江只身前往西安采访，首先向全国报道了"西安事变"的真相和中国共产党的正确主张。

这一阶段的主基调是"批判"。范长江作为一名记者，奔走于大江南北，以启蒙主义思想为武器，理性地审视现实，批判不合理的现存秩序。

 经典诵读

清平乐·六盘山

毛泽东

天高云淡,望断南飞雁。不到长城非好汉,屈指行程二万。

六盘山上高峰,红旗漫卷西风。今日长缨在手,何时缚住苍龙?

七律·长征

毛泽东

红军不怕远征难,万水千山只等闲。
五岭逶迤腾细浪,乌蒙磅礴走泥丸。
金沙水拍云崖暖,大渡桥横铁索寒。
更喜岷山千里雪,三军过后尽开颜。

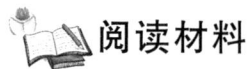 阅读材料

秘密阅读

从读书中找中国出路和仅凭个人力量参加抗日活动都不是根本办法,这两点在思想上是清楚了。1934年,除了做新闻记者获取生活来源外,长江主要做了两件事:一是系统研究苏区的土地问题,二是去南昌秘密阅读了不少关于苏区的小册子等。

1934年5月，正当第五次"围剿"激烈之时，范长江通过在南昌行营工作的一个同学的关系，历尽艰辛来到南昌——蒋介石"剿共"大本营。他住在一家小旅馆里，紧闭门窗，秘密阅读同学送来的一本本小册子。这些材料都是从苏区"缴获"来的，许多都是用土纸油印。内有苏维埃中央政府和地方政府文件，有中央党部到地方党部的文件，以及各级军队用的文件。

夏日的南昌天气炎热，房屋的墙壁是热的，桌椅也热得发烫，地面冒着热气。范长江好像在蒸笼里一样，但他被这些小册子里的新鲜内容吸引了。在这些小册子里，范长江所需要了解的苏区情况几乎应有尽有，包括红军的基本情况以及苏维埃政府的政治、经济、土地、教育等政策。范长江研究了近三个月时间，先后读过1600多本。从文件中，范长江明白了中共的土地革命，了解了苏区政府建构，了解了中共军队，知道了苏区的经济政策等。范长江认识到，中国共产党是有理论、有政策、有策略的政治集团，红军是一支组织健全、纪律严明的军队。

抗日英烈范次希

范次希（1920—1942），男，四川省内江县田家乡赵家坝人。1937年10月，在兄长范长江的帮助下，赴延安进入抗大三期三大队九队学习，毕业后选派到瓦窑堡军事大队。1938年4月加入中国共产党。1938年12月，从延安调晋察冀抗大二分校第三团任政治教员。

1942年5月，日寇集结重兵对中国共产党领导的晋察冀抗日根据地发动了惨绝人寰的"五一"大扫荡，采取了"铁壁合围""梳篦清剿""三光政策"。范次希被分配到抗大一大队一分队任领导指挥工作。5月11日，部队驻地武邑县朱庄村被日军包围，团部决定分散隐蔽。5月下旬，范次希被任命为"警备旅抗三团收容大队"政委。6月9日，他们在袭击了一个伪军连后，隐藏在河北省深泽县的南宋庄。日军突然闯进混合连驻地，范次希所在的小分队陷入日寇的重重包围之中，敌强我弱，形势十分险恶。日军开枪打死了两名女干部，范次希闻声冲出来，他一把勒住敌寇指挥官的脖子，一手抢夺敌人手中的冲锋枪，与敌人展开了殊死搏斗。一颗罪恶的子弹穿透了范次希的胸膛。这一仗，敌人大败而归，22岁的指挥员范次希献出了年轻的生命。

范长江去世后，查寻二哥范次希下落的任务就落在了三弟范长城的身上。快到退休年龄的范长城从1973年起，像大海捞针般地开始寻找二哥次希下落。他发信数以百计，足迹遍及四川、陕西、河南、河北、北京等各省市，致信函或走访数百个单位和个人，原冀中军区司令员吕正操、政委程子华等领导同志都为查找次希下落做了不少工作，有的还提供了重要线索。经过长达22年的寻找，范长城历尽千辛，终于找到了"抗三团"的政委李中权和掩埋次希遗体的战友齐平，他们均提供了重要证据。

1997年9月18日，四川省人民政府追认范次希为革命烈士。人们在四川省内江市东兴区小河口镇为他立下了一块石碑,上面镌刻着"范文正公仲淹后裔第 31 代孙,新中国新闻事业奠基人范长江"及"冀中平原抗日战争烈士范次希"的字样。题头是"英灵昭日月,忠魂照乾坤"。

快乐行动

1. 选择一个抗日故事,编排一部话剧,在班级演出。
2. 查阅范次希史料,弄清楚他与范长江的关系,给同学讲范次希烈士的英雄故事。
3. 你知道社会主义核心价值观的内容吗?请以"社会主义核心价值观"为主题制作精美的手抄报,在班级进行评比,并将优秀作品分享到微博朋友圈。
4. 学唱歌曲《三大纪律八项注意》,了解歌曲的由来,并讲给同学听。

阅读材料

西北之行

1935 年 5 月,范长江为了解红军长征的真相,考察中国西北地区的情况,向《大公报》请缨,作为报社的旅行记者去西北旅行考察。但他的申请没有得到上级批准。正当他郁闷之际,正巧遇到一个正在北平活动的四川工商团马上要回四川,他们同意范长江与他们结伴而行,并且不用付旅费。得知范长江要前往西北采访,《大公报》北平办事处杨士焯、洪大中,《世界日报》张万里、贺逸文等人纷纷资助他,一共有七八元,到天津时胡政之又预付一笔稿费。对于一向清贫的长江来说,确实是雪中送炭。

1935 年 7 月,范长江只身由成都北上,实地考察了红军长征的部分线路。他在气候恶劣、人迹罕见、土匪横行、瘟疫流行的西部地区,趟激流、攀悬岩、翻雪山,历时 10 个月,行程 4000 公里,对川西北、陕西、甘肃、青海、内蒙古等广大地区进行了考察和采访,看到了祖国山河"正沉沦于破旧与痛苦阶段"的现状,撰写《成兰纪行》《毛泽东过甘入陕之经过》《陕甘形势片断》等通讯报道,通过天津《大公报》发表,向全国报道红军二万五千里长征的实况,《大公报》为之连载。

长江一直在研究红军,他判断红军必将北上,甚至预测了北上的途径与陕北根据地的建立;他在报道中明确地告诉国人,红军长征就是坚持团结抗日、一致对外的立场,红军不是"流寇""共匪"。他主张民族必须团结,国共两党要有平等的地位,共商抗日大计。在历时 10 个月的西北之行中,范长江写下了许多通讯报道。1936 年 8 月,范长江写的"西北通讯"以"中国的西北角"为名结集出版,"未及一月,数千部已售罄"。后来的一年内，该书连续九次再版，是民国出版史上少有的。1936年8月以后，范长江又穿行千里戈壁，深入内蒙古西部，写成不朽的新闻通讯杰作《塞上行》。《中国的西北角》《塞上行》这两部书同范长江和另外几名记者合著的反映抗战时期西线全貌的优秀战地报道集《西线风云》，在中国新闻界卷起了红色波涛，一时震惊全国。

中华人民共和国成立后，长江同志回忆当时的情况说："一个记者，要有抱负，这抱负就是要毕生精力研究一两个什么问题，而这些问题是从群众中提出来的。""我自己到西北去采访，是怀着两个目的：一是研究红军北上以后中国的动向；二是当时抗战即将开始，抗日战争爆发后，敌人肯定会占领我们的若干大城市，那么我们的后方——西北、西南的情况怎么样呢？这两个问题，也是当时群众迫切需要回答的重大问题。"（范长江：《通讯与论文》，新华出版社）

（方蒙：《范长江传》，中国新闻出版社1989年版。）

平武谷地中（节选自《中国的西北角》）

在平武休息了一天，二十二日启程赴松潘。说起去松潘，平武的土人，都替我们有点为难。平松相去三百六十里，路并不能算远。只是这条路溯着涪江的上源走，山险路小，平日已经人家稀少，食宿困难，兵难期中，通行尤非易事。最令土人害怕的是过"大雪山"，似乎过这架山有着赌生命的危险。

我们顾忌不了这么多，只好走来试试。离开平武三四里路，道路即变了常态，这里的道路，是在壁立水中的石崖半腰上，用人工凿成。对上行者言，上右下三方为顽石，左临急流，二人决不能并行。河中时发现浮尸，或有为乱石所阻，状至狰狞可畏，臭亦难当。如此行十余里，山势益峻拔，凿路工程愈大。二十里至火溪，溪由北来，流入涪江，两岸石壁对立如巫峡，有铁索桥以同溪之西岸，名为铁龙桥。桥长数十丈，其造法，系立铁桩于两岸石岩中，然后以五三铁索相连，横铺木板于平行之铁索上，再以铁绳等固结木板，如是人马即可通行。人行桥上，前后波动，如同时过桥者在十数人以上，则桥之波动益烈，初过此桥之东南人士，未有不心惊胆战者。

快乐行动

1. 查阅史料，了解范长江西北之行所遇到的困难和危险。
2. 说说范长江西北之行走过哪些省。画出范长江第一次西北之行的路线图。
3. 查阅杨士焯、洪大中、张万里、贺逸文的相关史料，给父母讲述他们的故事。

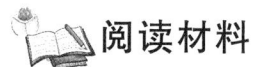 阅读材料

西北惨状

岷县县政府的"班头"横行乡里,闻名各县。县里的所有政务,必须班头点头同意,否则就办不好。县长是空架子,没有实权。因为县长随时更换,没几个月就被调走了,而班上的人员,许多年都不会调整,因此乡人不重视县长,惧怕得罪班头。得知班头下乡,乡人必须事先设香案迎接他们,真是威风八面。县长没有实权,主要依靠班头协助,帮助大肆搜刮民脂民膏。以军队为例,军队所需的粮食、草料、柴、木料、皮毛等,没有哪一种不是直接在农民那里征收,平民百姓负担沉重。不仅如此,下面的县区保甲等贪官污吏还层层加码,所收物品、费用往往超出军队所需的1~2倍。县长和班头之间钱、势相互影响,危害越来越大,人民苦不堪言。

洮河两岸土地肥沃,如果改成水田,生产大米,人民就不会饿肚子了。遗憾的是,农民不种稻谷,好种鸦片,鸦片烟占了主要的面积。农民完全不知道鸦片正在摧毁他们的身体,加快他们的死亡进程。他们完全不知情,在经济和命令支配下大量种植鸦片烟。范长江愤怒了:"我不懂这般负责任的当局,为什么这样发昏,纵令大家去自杀!这样肥沃的平原,而在平原上生活的农民,却穷困得惊人!近百户人家的村庄,几乎鸡蛋都买不起!所谓客店,除了空炕而外,什么都没有。"

甘肃的财政收入主要是鸦片烟田罚款及鸦片烟运销税。罚款是假,敲诈是真。交不起税的农民被严刑拷打,他们不得不借高利贷应急。往往借款五六元,一年之后,负债的农民将房屋、农具、妻女全部用来抵债,家破人亡。因为无法生存,嘉峪关外玉门、安西、武威各地农民开始外逃流浪。范长江调查发现:张掖破产,百姓贫困,不是"人懒之过",而是当政者的横征暴敛所造成的。在这样的苛政之下,民心惶惶,社会呈现崩溃之势。长江痛呼:"我们所听到的关于河西的设计,不外是'提倡教育''奖励卫生'等这些要政,似乎我们的政治是为百年以后的人打算。要现在的人一起死了后,才好想办法!……他们的这些话里面,缺乏应有的真诚!"缺乏真诚,一派谎言,这就是长江对国民党和当地政府虚假施政的大胆揭露和赤裸裸的鞭挞!

笔名来历

范长江与日本"留学生"的交锋和报道,使他感受到报纸在舆论中的作用。他准备今后把力量放在报纸上,利用舆论反映抗日救国的主张,扩大抗日救国的宣传。

1934年北大学生闹军训,学生们不满北平市国民军训委员会副主任李亚雄,决定发表宣言,向社会控诉。1934年12月,长江同志开始用"长江"这个笔名对这次军训风波在《北平晨报》上作了连续报道,揭露李亚雄的丑恶行径,支持学生们

的抗议。李亚雄看到报道后恼羞成怒，以国民军训委员会名义发表公开信给《北平晨报》，信中指责报社无中生有、改造事实，要求报社承担责任，并要求刊登。还警告报社"以后倘有关军训事件，乞审慎披露，免惑听闻，无任企盼"。面对这种恐吓性的公开信，长江同志拿起笔毫无畏惧地继续反击，表现了一个新闻通讯员忠于事实的英雄气概。

对于他为什么用这个笔名，众说不一。但这个笔名反映了他的性格和气质，如长江之水，奔腾不息。

快乐行动

1. 认真阅读《中国的西北角》一书，说说当时西北人民生活的环境。
2. 从上文中可以了解到当时国民政府的腐败以及人民生活的艰难。请以"我的幸福生活"为主题，写一篇作文，在QQ朋友圈"晒一晒"。
3. 说说什么是"笔名"。它有什么作用？试着为自己取个笔名，并说说理由。把你的笔名在微博朋友圈"晒一晒"，一周后统计有多少人给你"点赞"。

阅读材料

范长江与杨土司的民族情缘

范长江纪念馆馆长　段端明

1935年8月20日，范长江来到杨积庆所在的土司府见到了杨积庆，并进行了深入的谈话。由于他们在很多问题上有共同语言和相似观点，在爱国忧民上达成了同识。范长江说："红军是抗日武装，是正义的队伍，他们只是借道过境，不会在此作更久的停留。"这次谈话后，受范长江思想的影响，杨土司没有执行国民八战区司令朱绍良要他全力配合腊子口鲁大昌部，沿途布防，将红军就地剿灭的命令。

1935年9月11日，毛泽东同志率领的一、三军团进入卓尼地界，国民党军队几乎封锁了北上的所有通道，而卓尼是红军唯一可以冒险北上的通道。此时被敌人围追堵截的红军已经从江西撤离时的十万之众仅存八千余人，敌人就像嗜血之兽在前路等待着这支被饥饿和伤病困扰的疲惫之师，42岁的毛泽东同志感到前路凶险是前所未有的。然而，惊喜却接踵而来。杨土司表面上故意调兵遣将，放言表示要与红军决一死战，私下又对下面的藏兵领导下达了"如果红军来了，不要堵击，开仓避之"的口谕；让自己的部队撤离到山上，避免与红军发生冲突，同时连夜派人把原本损毁的尼傲峡木桥、达拉沟栈道、九龙峡木桥等重新修复，使红军能顺利通过。同时，他命令部下杨景华打开谷仓，将囤积的小麦故意留给红军。据不完全统计，一共发放粮食近五十万斤，解决了红军粮草不足、人困马乏的燃眉之急。红军知道是杨土司所为，留下一笔钱和借条。有了杨土司的暗中帮助，红军得以恢复元气，并以迅雷不及掩耳之势夺取了鲁大昌驻守、自以为固若金汤的天险腊子口。

1936年7月，红二、四方面军在川西会师后也开始北上，8月逼近卓尼。此时杨积庆又暗中帮助，提供食物，腾出寺院让红军休整，还让熟悉地形的尼傲总管做红军向导，从而使红军得以抄近道连夜穿过尼峡，经九龙峡和然尕沟，翻越卡朗山，飞速到达腊子口。有了杨土司的帮助，天险不再是天险，鲁大昌还没回过神来，就被从天而降的红军再次突破腊子口，落荒而逃。

范长江与杨积庆的一席谈话，竟让一个由国民党任命的保安司令的思想有了巨大转变，他不仅不执行国民党所谓的"剿匪"政策，还为长征途中的红军修桥铺路、开仓放粮，这是范长江所没有想到的。

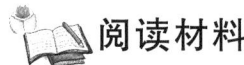 快乐行动

1. 查阅有关"卓尼"的资料，观看电影《卓尼土司》，说说杨土司的英雄故事。
2. 查阅"腊子口"的资料，为什么说"腊子口"是天险？画一幅"腊子口"地形图。
3. 收集有关藏族的资料，了解藏族人民的风俗习惯，学一学藏族问候语。
4. 手工制作藏族服饰，在班级进行评比，选出"优秀服装设计师"。

阅读材料

报道长征

范长江的《从瑞金到陕边：一个流浪青年的自述》发表于1935年11月，文章通过一名红军战士之口，详细描写了红军"瑞金至懋功、懋功至陕边"的经过，首次清楚地勾勒了中国工农红军长征的全过程，将红军艰苦跋涉的光辉历史永远地留下，这是多么珍贵的历史财富。

"我是红军学校最近一期的学员，为贫农出身，原在兴国乡间种田。连年江西的战争，红军战士的伤亡甚大，我是扩大红军运动把我抽进去的。进了红军以后，才进的红军学校。"

翻雪山："最可怕的是夹金山。这架山，我们一上一下走了一天，山上积雪几尺厚，空气也不够，到山顶即人人头昏，滑倒在地，立即死去。过这夹金山，死去好些人。下山不远，即到懋功县，正式和红四方面军会合，我们也大大的休息了一阵。"

过草地："出了毛尔盖，就入草地。说起草地，真叫人害怕。在草地里一望平原，无树无村，人影也不见一个，地下间歇的长着一堆一堆的丛草，地皮是水和泥混成的软土，不能支持人的体重，下脚就陷入一二尺深，走上半里路，已经使人感到万分疲乏。鞋子、袜子（如果有的话）只要走几步路，都一起拔了下来。更加草地里每天总得下一二次雨，我们又没有防雨的东西，只好让它把衣服打湿。草地里常常有河，须要徒步涉过，往往有深至二三尺者，水冷如冰……到了夜间，风雨交加，下面潮湿又透草而过，全身战栗，冷彻心肝！吃的问题，更没办法……到了草地，很难找到柴，吃开水比升天还不易，没办法，只好吃冷麦面，外加些冷水，莫奈何的吞了下去。"

一字箴言

西北归来，长江正式加盟《大公报》，成为正式的《大公报》记者。当时的范长江虽然只有26岁，但也是国内最有影响的记者了。他不满足于自己的成就，为了更好地做好记者工作，虚心地请教《大公报》总经理胡政之先生，询问如何才能对得起记者职务的问题。胡先生告诉他："做新闻记者最重要的就是'诚'。"从此以后，范长江将"诚"字视为"一字箴言"，始终牢记于心。他在之后的工作和生活中，认真领会其精髓，对人真诚，对所报道的事件抱着一颗诚心。

1936年8月以后，范长江又穿行千里戈壁，在自己的记者生涯中践行着"一字箴言"，冒险深入内蒙古西部，将《忆西蒙》《沉静了的绥远》《西北近影》《陕北之行》等通讯，汇编成又一本不朽的新闻通讯杰作《塞上行》。在《塞上行》中，他关注了三个问题：一是国内民族问题，二是统一国家的途径问题，三是社会各阶级利益的调整问题。长江把一个记者的责任从了解、报道国家大事，升华到探索、研究、解答问题的高度。他践行着这个"一字箴言"，怀着对祖国无限的热爱，这是他政治责任感的表现，也是他从一个普通的记者成为一个具有社会活动家本领的杰出新闻人的过程。

快乐行动

1. 查阅长征史料，体会红军长征的艰辛，制作长征手抄报。
2. 将文章中的长征片段改写成一个小故事，写一篇500字以内的作文。
3. 观看有关长征内容的书籍和影视作品，在班级中分享故事内容。

4. 演唱革命歌曲《长征》，分组录制视频，分享到 QQ、微信、微博等朋友圈。

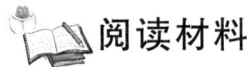 阅读材料

西安之行

1936 年 12 月 12 日，"西安事变"爆发。为了弄清事变真相，长江决心不惜一切代价，到西安去了解事件真相，探寻中国的政治方向。当时西北对外交通完全断绝，长江利用各种私人关系，冒险飞往兰州，寻找进入西安的机会。一路上，范长江历经艰险，数次被绑架，险些丧了性命。1937 年 2 月 2 日傍晚，他终于在乱军丛中，顶风冒雪，抵达西安。

2 月 4 日，范长江在《大公报》西安分销处同行的协助下，通过陕西省主席邓宝珊的介绍，在杨虎城将军的公馆里，采访了他平生第一次遇到的公开身份的共产党员——周恩来。周恩来同志在百忙中抽出时间，热情地接待了这位来自绥远前线、冒着生命危险闯进西安，年仅 27 岁的《大公报》战地记者——范长江。

周恩来同志第一句话就说："我们红军里面的人，对于你的名字都很熟悉，你和我们党和红军都没有关系，我们很惊异你对于我们行动的研究和分析。"周恩来同志的一番话，再次证明范长江对红军的研究之深入，研究的方向之正确，同时也可以看出他在红军队伍里有很大的影响力。周恩来同志介绍了"西安事变"的经过和共产党的主张，范长江了解到中国共产党对"西安事变"所抱的积极态度和团结抗日的主张，提出希望可以到延安采访。中共中央研究后，同意范长江前往红都延安采访。随后，他闪电式访问了延安，并与毛泽东同志做了"竟夜之谈"。

乔装改扮

1936 年"西安事变"爆发后，范长江闻讯赶赴西安采访。2 月 2 日晚，范长江到达西安后，发现城门处检查非常严格，只允许送菜的农民进城。为了安全起见，他决定第二天一早见机行事，乔装打扮混进西安城。

为了弄清楚"西安事变"的真相，争取第一时间告诉国民，他必须冒险尽快进入西安城。2 月 3 日一早，范长江到附近城郊找到一个农户家，用自己的狐皮斗篷和貂皮帽子换了农民的破棉衣，担着一担菜，扮成菜农混进了西安城。后来，有人问他："你采访'西安事变'时交换的衣服也太不划算了。"范长江嘿嘿一笑，幽默地说："斗篷诚可贵，帽子价更高；为了抢新闻，两者皆可抛。"

总理的亲笔信

长江先生：听到你报道的前线上英勇的战讯，并带着光荣的伤痕归来，不仅使人兴奋，而且使人感念。闻前线上归来的记者正在聚会，特驰函致慰问你，并请代表致敬意于风尘仆仆的诸位记者。专此，祝健康！

周恩来　5月26日

长江先生：日前之会，辞修（陈诚）部长印象很好，并于昨午在军委会汇报中报告，何（应钦）、白（崇禧）两部长盼兄等速将日前所谈，以书面见示。同时，白副总长已电告德邻（李宗仁）司令长官，建议撤换总动员委员会之秘书长。弟连日因忙，所约谈话，俟稍缓日，当定期候叙也。专此，敬致民族解放之礼！

周恩来　6月11日

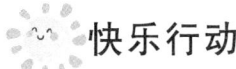快乐行动

1. 观看有关"西安事变"的影视作品，写一篇300字以内的观后感。
2. 查阅史料，了解两封信的写作背景，理解周总理两封亲笔信的含义。
3. 查阅"竟夜之谈"的史料，编一出话剧，在班级演出。

第四节　革命战士

1937年的延安之行成为范长江人生重要的转折点，他从一个具有强烈爱国主义正义感的青年记者，逐渐转变为一个具有共产主义理想的新闻工作者。1939年，范长江光荣地加入中国共产党，在党的引领下进行抗日统一战线的新闻报道，在中国新闻界卷起了红色波涛，震惊全国。他献身于无产阶级的新闻事业，创办"青记""国新社"、《华商报》等，主持《解放日报》《人民日报》等工作，创建新闻专科学校培养记者，为实现新民主主义理想而不懈奋斗。这一阶段的主基调是"革命"。

 经典诵读

祭黄陵文

毛泽东

赫赫始祖,吾华肇造。胄衍祀绵,岳峨河浩。聪明睿知,光被遐荒。建此伟业,雄立东方。世变沧桑,中更蹉跌。越数千年,强邻蔑德。琉台不守,三韩为墟。辽海燕冀,汉奸何多!以地事敌,敌欲岂足?人执答绳,我为奴辱。懿维我祖,命世之英。涿鹿奋战,区宇以宁。岂其苗裔,不武如斯。泱泱大国,让其沦胥?东等不才,剑屦俱奋。万里崎岖,为国效命。频年苦斗,备历险夷。匈奴未灭,何以家为?各党各界,团结坚固。不论军民,不分贫富。民族阵线,救国良方。四万万众,坚决抵抗。民主共和,改革内政。亿兆一心,战则必胜。还我河山,卫我国权。此物此志,永矢勿谖。经武整军,昭告列祖。实鉴临之,皇天后土。尚飨!

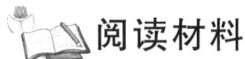 阅读材料

竟夜之谈

1937年2月6日,范长江在博古、罗瑞卿的陪同下,离开西安,乘卡车前往延

安。2月9日下午,范长江抵达延安,中共在抗日军政大学专门设晚宴欢迎范长江。当时,中央一些主要领导人都来了,他们不拘形式地围坐在火炉旁谈话。谈话结束后,毛泽东同志邀请范长江到自己的窑洞,他们进行了近10小时的竟夜之谈。

毛泽东同志给他谈了中国现阶段革命的性质,民族矛盾和阶级矛盾的关系,以及抗日战争的战略。这正是范长江近十年来苦苦思考的大问题,这次谈话让他茅塞顿开,弄明白了多年来没有解决的阶级斗争和民族斗争的矛盾问题。他终于明确了中国现阶段的任务是实行新民主主义革命;懂得在日本进攻面前,阶级矛盾首先应服从民族矛盾;懂得抗日战争必须是持久战,增强了对于中国共产党的路线、方针、政策的理解。他认识到:只有中国共产党的抗日民族统一战线政策,才能挽救中国的命运,使中国能够在团结抗日的斗争中求生存、图发展。

他向毛泽东同志提出留在陕北继续学习,写宣传中共政策主张的文章。毛泽东同志劝他回到上海去,利用《大公报》在舆论上的重要地位,宣传共产党的政策主张。长江意识到,毛泽东同志的话不仅是一个希望,更是一项战斗要求。他必须马上赶回上海,在《大公报》上宣传中国共产党的重大政策,完成毛泽东同志交给自己的光荣使命。

多年之后,长江同志在《我的自述》中说:"中国的出路,在我来说,是找到了。事实证明,只要中国军队决心抗战,日本帝国主义并不可怕,问题是国内要有团结一致的办法。"

报道西安事变

范长江遵循毛泽东同志的指示,第二日一早返程奔赴上海。他一路奔波,2月14日晚从机场连夜赶往编辑部,立刻奋笔疾书《动荡中之西北大局》一文。因第二天(2月15日)是国民党三中全会开幕的时间,长江想抓住这个机会,首先向全国报道"西安事变"的真相和中国共产党的正确主张。长江不停地赶写通讯,《大公报》总经理兼副总编辑胡政之通宵陪在一旁。胡政之一边审稿,一边帮长江略加修改。经过一夜的忙碌,终于定稿了。此文完成后在报社例行检查时没有通过,胡政之最后拍板:这篇通讯意义重大,即使违检也要发表。《动荡中之西北大局》文中描述:"照中国实际政治情况需要,国内的政治机构应当走到统一的民族阵线,即是统一国力,集中力量,以求对外图存。"长江宣传共产党联合抗日的主张,与蒋介石"攘外必先安内"政策刚好相反,在国统区的报纸上公开发表,是需要莫大勇气和牺牲精神的。

第二天,国民党的三中全会如期开幕了,下午登载着《动荡中之西北大局》的《大公报》运到南京,与会人员读后十分震惊,范长江的报道与蒋介石在会上说的"西安事变"大相径庭。蒋介石在会上既没有提到中共主张和平解决"西安事变"的事情,也没有提到他自己口头承诺的同意停止内战,一致抗日的条件。"西安事变"事实真相被揭开后,在全国上下引起了很大的震动。因为这篇文章,蒋介石迁怒于张季鸾,把张季鸾痛骂了一顿,范长江的书信从此也受到国民党的检查。虽然如此,但是三中全会后,蒋介石基本履行了在西安答应的条件,所谓"剿匪军"也撤了,第二次国共合作成为定局。3月29日,毛泽东同志致信感谢范长江。

快乐行动

1. "竟夜之谈"是什么意思?它对范长江的成长有什么深刻影响?
2. 查阅资料,了解"双十二"事件发生的原因以及它的重要意义。
3. 《动荡中之西北大局》宣传了共产党的什么政治主张?有什么历史意义?
4. 查阅杨虎城和张学良的史料,把"西安事变"的故事讲给家人听。

阅读材料

奔波抗战第一线

1937年7月7日,日本帝国主义侵略军向我北平郊区卢沟桥发动进攻,揭开了全面抗战的序幕!范长江闻讯,先后奔赴卢沟桥、南口战场、上海战场进行战地采访。

1937年,范长江到山西太原一带布置《大公报》在华北战区的采访,负责战地记者的派遣和联络工作。为了及时采访报道八路军抗战实况,他专程去八路军驻太原办事处找到彭雪枫主任,提出报社派记者随八路军采访的要求。毛泽东得知后,亲自电示彭雪枫转告范长江:"欢迎《大公报》派随军记者,尤欢迎范长江先生。"在共产党的关怀鼓舞下,范长江精神振奋,在枪林弹雨中,先后采写了《卢沟桥畔》《淮上血战记》《台儿庄血战》《察南退出记》《西战场》《察哈尔的陷落》等大量的战地通讯,及时地向全国人民报道了前线战斗实况。1937年,范长江编辑出版了两本书,一本叫《塞上行》,一本叫《西线风云》。前一本是他个人写的,后一本是他与孟秋江、邱溪映等集体写的。

1938年,他主要到过三个战场:一是徐州战场,见过李宗仁、孙连仲、于学忠等;二是江北战场,见过杨森等;三是江南战场,是在江西的南(昌)浔(九江)铁路一带。此外,他还到过湖北南部的阳新大冶一带战场,见过罗焯英等。徐州战场是武汉会战的主要战场,他在这个战场上的时间最长,一直到徐州突围。1938年台儿庄战役期间,范长江到前线采访,见到了第五战区司令长官李宗仁将军。李将军握住范长江的手说:"你是著名记者,你的报道文章给我们鼓舞士气,增加决心,我代表抗战前线将士们感谢你们。"他的战地通讯,向全国人民报道战争的实况,对我军抗战提供了宝贵的经验,鼓舞士气,坚定了全国人民抗战必胜的信心和决心!

"战地通讯"品读之《台儿庄血战》

盖我汤、关各强力部队已沉重地打击敌之左后侧,敌一面调兵以迟滞汤、关各军之进攻,一面则加强对台儿庄之突击,故三月三日为台儿庄最危险期间。此时池师战斗人员所余不及四分之一,黄、张两师干部亦皆伤亡殆尽,反攻之力已甚微弱。幸我东西各路合围之形势日渐紧逼,敌处处被攻,随地防守,锐气沮丧,军心动摇,其兵力不得不随我攻击力之大小,而被动地分配以应付各方面。于是,敌之全部计划根本摧毁。四、五两日,发现敌已显出张皇失措、手忙脚乱之状态。六日晚,我各军奉令并力反攻。台儿庄方面,则我军除一部在城内正面压迫外,以一部绕至城北,攻占各村,一部则将敌所占之东北两门截断,然后自城外爬城,向城内进攻。敌此时城内炸药库皆为我击中爆炸,敌遂慌乱。故经七日晨六、七小时之突击,敌不但丧失在台儿庄内已得之据点,而且尽失庄北十余里内之军事要地。

七、八两日,敌继续溃败。除自山岳地带向北退至费县一带,保存一部分外,大部重兵机械及较大数量之敌军,势将成为我之俘虏。

这是我们第二期作战新战术思想新实验的大成功。这一战争的重大意义,不只在消耗了敌人几万炮弹,不只在消灭了敌人近万的战斗员,不只在打毁了敌人十几辆坦克车,不只在粉碎了敌人打通津浦路的企图,不只在打败了矶古、坂垣,而在建立一种新的胜利信念,即是我们只要采取主动的、机动的、攻击的、协同的作战方针,我们一定可以取得今后战争的胜利。

快乐行动

1. 观看电影《台儿庄大捷》,体会范长江做记者的艰险和战胜日寇的喜悦,把"台儿庄大捷"的故事分享给你的家人。
2. 品读《塞上行》,说一说长江同志上百灵庙路途遇到什么困难。"一种主张在环境拂逆中"指的是什么?
3. 简要说说卢沟桥事变的历史故事,制作一副宣传抗日的标语。

阅读材料

长篇时事评述《祖国十年》

1941 年,范长江离开《大公报》到达香港,创办了《华商报》。他的主要精力由新闻采访转向了新闻管理,由新闻通讯转向了新闻理论。《祖国十年》是范长江办《华商报》时期写的最重要的通讯作品。这是长篇的时事述评,自 1941 年 9 月 18

日起,陆续发表在《华商日报》上,至12月7日止,共发表了51章,10万余字。全文从1931年"九一八"事变后,到1941年间,按历史发生的流程,对我国的政治、社会生活中发生的一系列重大事件,联系作者的自身经历,进行了深切的回顾与思考。

《祖国十年》热情赞扬了中国共产党建立抗日民族统一战线,积极抗日建国的方针。范长江对红军做出了正面评价:"在历史上空前艰难的长征中,红军始终没有丝毫放弃对中国人民的责任。他们不是"逃难",他们是利用他们一切可能,从内部和外部推动中国的解放事业。"同时,毫不隐晦的把矛头指向国民党:"因为国民党是过去十年中当权的党,在'一党专政'的制度下,国民党一党独掌中国大权,国民政府是国民党中央执行委员会产生的政府。国民党因为有政权在握,可以依照国民党自己的决定,从事中国政府所能做的一切,掌握外交、军事、内政大权,这是国民党独享的大权;从另外一方面说,也是国民党对中国人民担负了特有的责任。"

述评《祖国十年》每天一篇,每篇1500字,在《华商报》上连载。由于其鲜明的立场和尖锐的批判,为香港政府新闻检查机构所不容,文章经常被开"天窗"。遗憾的是,《祖国十年》只写到1938年武汉会战前后,因《华商报》被迫停刊而终止。后来范长江因负有新的工作使命,辗转南北,无暇续写,及到有时间续写时,已时过境迁,没有续写的意义了,因而最终给读者留下的是一篇"未完的通讯"。

(选自陈涛:《新闻巨子范长江评传》,中国文史出版社2014年版。)

一致对外的要求(节选自《祖国十年》)

我到南昌的目的,就是想了解一些关于红军的真象。南京方面用这样大的力量来对付它,证明红军有力量。那时各地的官方宣传,说他们"杀人放火",抗日之所以无法进行,就是因为他们在后方捣乱。汪精卫在塘沽协定签字后对全国发表谈话,解释政府不得不对日妥协的原因,其重要理由之一,就是"各地赤匪之骚扰"。如果在日祸紧急,政府决心对外的时候,真是扰乱后方,当然是国家民族的罪人了。

从"剿匪军"中的朋友手中,搜集到大批红军方面的油印土纸小册。我曾非常用心地读那些小册子,前后一共读过一千六七百本。内中有苏维埃中央政府和地方政府的文件,有中央党部到地方党部的文件,各级军队用的文件更是非常丰富。

我在闷热的南昌气候中也非常有趣地一本本地研究那些印刷粗劣的文件。我越看越觉得奇怪,越看越觉得当时进行的战争,没有道德的基础。

……

于是,我从这一大堆油印出版物中,得到了兴奋与愉快。因为从我目击的全国人心看来,"抗日联合战线"是全国大多数人一致的要求,这个运动一定能得到成功。联合战线一旦成功,全面抗日战争必将爆发,到那时候全国一致枪口对外,中国就不是那样容易被欺侮的了。

范长江与"青记"

1937年11月8日晚7时,在中共领导下,由范长江等人筹备,中共青年新闻记者协会(简称"青记")在上海山西路南京饭店正式成立。因国民党不同意用"协会"这个名称,因此改为中共青年新闻记者学会,长江代行总会职权。长江在成立大会上,阐述了青年记者学会成立的必要性和它的前途,强调学会进行的方式:"一为经常性座谈讨论,一为出版刊物,以便互相学习、交流经验,取长补短,共同提高。"

"青记"是中共领导下的新闻界的抗日民主统一战线组织,开展各种统战工作,向着抗日的总目标,把一切爱国的新闻工作者团结在党的周围。"青记"成立后,范长江和其他记者一道,奔赴抗日战事最激烈的津浦路前线采访,写出了包括台儿庄战役在内的大量反映战局形势和前线战况的新闻通讯,编印成《徐州突围》的通讯专集。

在战区,他们英勇无畏,冒着敌人的枪林弹雨,不畏艰险深入一线采访,更有无数记者随军深入敌后,或化装深入敌占城市,编辑出版报纸,宣传抗日,坚定了敌占区广大群众的胜利信心。范长江和其他"青记"会员用双脚丈量大地,用手中的笔和心中的无畏,始终战斗在推动抗战、捍卫国土的新闻岗位上,为全民族争取抗战最后胜利做出了重大贡献!

"青记"的影响日益扩大,组织蓬勃发展,两年多时间,全国各地分会达25个,会员超过2000人。之后在上海、重庆、香港等地建立分会,是中国新闻史上的一个重要里程碑。

罗象翥办大洲中学

罗象翥(zhù),内江县双河乡(现内江市东兴区双桥镇)人,1924年北京大学经济系毕业,1927年考入中央军校第六期工兵科,毕业后,在杨森军中任职。曾任营山县县长、国民革命军第21军训练委员会上校教官、川江航务管理处军训主任、四川剿共第五路军政训处长兼独立二旅参谋长、第21军军政训处长等职。抗日战争爆发后,他随军出川,赴皖南抗击日寇,历任23集团军少将副参谋长和武汉办事处处长。罗象翥因不满蒋介石一意孤行,处处排挤川军,愤辞军职,回川从事教育工作。1947年任重庆市教育局局长,1949年5月回内江创办私立学校。

罗象翥经多方努力,在四川内江桐梓坝创办"精强中学",后更名为内江县私立大洲中学,任大洲中学董事长,并兼任大洲中学校长。大洲中学办成了一个既设初中部,又设高中部,既分男生部,又分女生部的完全中学校,不仅学生人数多,而且教育质量高。

罗象翥对学校师生员工的各种信仰活动,大多采取不作干预的态度,但却强调民族气节,爱国抗日。1944年6月,冯玉祥将军来到内江,发动节约献金救国运动。罗象翥在中国国民节约献金救国运动总会内江分会成立大会致辞:"我们要努力发动献金救国,一洗中国百年之耻。"大洲中学通过节约伙食、义卖鲜花、演出话剧等形式,全校献金达137.8万元,超过全县其他公、私立中级学校献金之总和。冯玉祥将军很受感动,在其所作诗《内江人颂》中赞道:"学校谁最先,大洲超江阳。有国而后有家,实践出在内江。"

(节选自中共内江市委党史研究室著《内江古今名人》和政协内江市东兴区委员会著《抗战文史选集》)

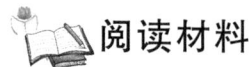 快乐行动

1. 查阅"青记"史料,了解"青记"发展过程。
2. 讲述"青记"记者的英雄故事,并把他们的故事分享给亲人和朋友。
3. 查阅罗象翥资料,举办罗象翥事迹手抄报比赛。

阅读材料

培养"新型记者"

长江是国新社的创建人之一。国新社创建初期,原来记者的阵容不能适应新阶段的需要,必须培养一批"新型记者"队伍,否则抗战的新闻事业无法推进。因此,范长江在发展国新社过程中,花大力气培养"新型记者"。"新型记者"之"新"必须有"五有",范长江在《怎样做新闻记者》一文中做了介绍:有正确而坚定的政治态度、有操守、有丰富的知识、有技术本领、有健康的身体。

为了培养大批"新型记者",范长江开办了各种培训班、读书会,组织资深记者讲学和撰写新闻专业教材。他主持编写了一本《新阶段中一般新闻采访工作要旨》,撰写人除了他,还有孟秋江、陆诒、黄药眠等。这是一本供业余记者学习的通俗读物,文章通过对实际采访事例的剖析来阐述观点,深入浅出,简明易懂。接着,他组织新闻界的前辈和一些知名记者,撰写了一本《战时新闻工作入门》,由作者根据亲身经历谈战地采访的经验与体会,深受新闻界的好评。此外,范长江还亲自讲学,向青年记者传授自己成长的经历和经验。长江认为做优秀的记者什么秘诀也没有。首先要博览群书,书读得多;其次交游广阔,三教九流的事情都要懂一点;最后能吃苦耐劳,采访写作脚头要勤,动笔要快。

在范长江的主持下,国新社桂林总社创办了内部刊物《采访与写作》,目的是建立起新闻采访与写作方面的朋友们共同学习的关系,作为工作友人间学习的桥梁。后来,经范长江积极筹备组织,华中解放区成立了新闻记者联合会华中分会,创建了华中新闻专科学校,范长江兼任校长,共培养了新闻干部500多人。这时期,范长江不仅是开创党的新闻事业的活动家,而且成了培养新型记者的教育家。

缅怀长江同志

穆欣

这天晚上,长江谈到有关军事报道各方面的问题。首先讲到观点问题。他说,记者进行报道的时候,要有群众观点,这个问题在大多数同志中间尚未解决,尚未真正了解群众对于军事报道的思想感情如何。军事报道应当强调群众观点,这也就是要解决正确认识军事报道的对象问题。我们军事报道的主要对象是解放区群众,采访、写作应当照顾群众的爱好和兴趣。

谈到任务,他说军事报道的任务有两个:一是瓦解敌人,一是鼓舞士气(除了军心还有民心在内)。"写作要有力地抓住一点,有生气,使每个字都在讲话。"他还强调,军事报道不单纯是鼓励士气,"指导战争"也是它的重要任务。所谓"指导战争",就是要扩大报道范围,克服单纯军事观点,而及于各项工作的新闻领域。只是军事机密性大,须得在不妨害机密的前提下对一般群众作战争指导,传播好的杀敌办法。所谓"机密",有些事情几乎永远不能讲,有的过一段时间才能讲。他说,毛主席规定军事报道纪律,战役完了再报道,要严格执行。在进行报道或评述战局时,分析敌情要不厌其详,谈论我军情况应当轻描淡写,免得"暴露自己,供给敌人"。长江结合自己的实践经验,专门论述了军事报道采访与写作中应当注意解决的问题。这次他所谈的问题相当广泛,就其精湛的内容、透辟的见解来看,是经过深思熟虑的。

(节选自范长江新闻奖基金会编:《首届范长江新闻奖文集》,新华出版社 1993 年版。)

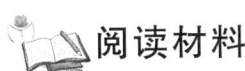 快乐行动

1. 范长江是怎样培养新闻工作者的?军事报道的主要任务是什么?
2. 新型记者"五有"的内容是什么?说说你受到了什么启发。
3. 班级开展"长江小记者"通讯评比活动,将优秀通讯在班级内进行展示。

阅读材料

为人民办报

1949 年 1 月,北平和平解放,范长江随人民解放军进驻北京城,并接到在北平办《人民日报》的任务。如今终于可以在一个和平的环境里为人民办报,实现他面向群众办报的主张了。

进驻北京后，工作条件虽然很差，长江仍然立下军令状，保证捍卫真理，办一份人民当家做主的报纸。保证每天18小时都放在报纸上。

在王府井的这座房子里，范长江主持《人民日报》工作，每天就靠打地铺将就着睡一会。他工作到哪里，哪里就是家了。困了就闭着眼睛随便躺一会，事实也是如此，报纸一卷，头上一垫，呼呼就睡着了。由于过度劳累，40多岁的人看起来就像一个小老头了。他经常穿一身灰色的棉制服，有点发胖，一看就是解放区的老干部，全然没有风度翩翩的名记者形象。

中华人民共和国成立后，范长江被任命为国家新闻总署副署长、人民日报社社长，随后创办《解放日报》。1950年1月，他从上海回到北京，重新领导《人民日报》，开始了从战时到和平建设时期、从面向华北到面向全国、从解放区办报到城市办报的转变。他呕心沥血，日夜奋战，始终坚持为人民办报的宗旨，为新中国的新闻事业做出了巨大贡献。

《人民日报》的任务（1951年）（节选）

我们不是办只照顾地方需要的地方党报，也不是办"同人报"，《人民日报》是党中央的发言机关，应当是中国工人阶级和中国人民舆论的代表，应当是全中国思想战线上的领导者和旗帜。因此，我们必须一分钟也不间断地细心地清醒地体会毛主席和党中央的意图和动向，切实地研究党中央所提出的方针和政策，敏捷地和准确地根据党中央的意图联系全国群众进行思想教育工作。不注意党中央的意图，不研究党中央的方针政策，不及时地反映党中央的工作，我们就不可能办好《人民日报》。

因此，《人民日报》首要任务，即在于加强报纸的思想性。首先应结合着当前革命斗争和建设工作的需要，抓紧中心环节，有系统地有计划地进行马列主义和毛泽东思想的宣传，用马列主义和毛泽东思想的光辉，指示群众斗争的道路。……

《人民日报》必须面向全国的群众，在某些情形下，要面向全世界的群众。编辑部应当通过各种方法有重点地与在各种实际斗争中的群众保持密切联系，必须熟悉群众生活、思想、要求与斗争。对于党内外群众思想中的一切有普遍性的问题，都必须从党的思想和政策水平出发给以必要的指导。我们所要联系的群众，不仅是党员和工人阶级，而且应当包括人民民主统一战线中的一切阶级。

……

为了便于加强报纸的思想性和群众性，报纸版面应当比较定型化，报纸的组织和工作制度必须进一步合理调整，使之完全走入正轨。为了集中领导干部的力量于编辑工作和学习指导，报社的行政应力求简化。

快乐行动

1. 查阅《人民日报》办报历史资料，模仿《人民日报》，分组各办一份报，在微信朋友圈"晒一晒"。

2. 给家人说说范长江在王府井工作的故事，学习他敬业和艰苦奋斗的精神，珍惜今天的幸福生活。

3. 到图书馆查阅《西线风云》史料，把这个过程写成一篇通讯。

4. 观看《建党伟业》《厉害了我的国》《开天辟地》等影视作品，写 300 字以内的观后感。

第五节　献身科学

1952 年 6 月，范长江服从组织安排，离开《人民日报》，先后在政务院文教委员会、国务院第二办公室任职。1956 年，由周恩来委任其到科技部门担任领导。1958 年，任中国科协副主席、党组书记。

他虽然转行了，却仍然秉承"诚"字箴言，忠诚于党和人民，做着每一份工作。在他的组织协调下，制定了科技发展长远规划，促成了"科联"和"科普"的合并，并支持周培源等科学家的观点，保留了自然科学学会，筹建了北京科学会堂等，推动了群众性的科学实践活动的发展，为社会主义科学事业的发展做出了重要贡献。

长江同志坚决服从组织分配，干一行爱一行，干一行专一行。当他离开自己熟悉的工作走向科技战线新岗位时，他努力学习原来不懂的东西，与广大科技界知识分子、工人、干部交朋友，深入实际，调查研究，制定规划，组织力量，全身心地投入到祖国的科技事业中，成了科技战线上一名优秀的领导干部。

（摘自张震：《怀念范长江同志》）

科学小制作

自制羽毛球

准备材料：空饮料瓶一只，泡沫水果网套两只，橡皮筋一根，玻璃弹球一个。

制作过程：

1. 取 250 毫升空饮料瓶一只，将瓶子的上半部分剪下；

2. 将剪下的部分均分为 8 份，用剪刀剪至瓶颈处，然后，将每一份剪成大小一致的花瓣形状；

3. 将泡沫水果网套套在瓶身外，用橡皮筋固定在瓶口处；

4. 将另一只泡沫水果网套裹住一粒玻璃弹珠，塞进瓶口，塞紧并露出 1 厘米左右；

5. 剪下半只乒乓球,将半球底面覆在瓶口上,四边剪成须状,盖住瓶口后用橡皮筋固定住。

美化修饰后,一只自制羽毛球完成了。用羽毛球拍打一打,看看效果怎么样。

自制香皂纸

制作材料和工具:

吸湿性较好的白纸,小块香皂,一支毛笔和一次性饮料罐。

制作方法:

先把香皂切碎后放在罐里,盛上适量的水后把杯子放在炉上加热,等香皂融化,将白纸裁成火柴盒大小,一张张涂透皂液,再取出阴干就成了香皂纸。

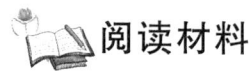 阅读材料

进军科学界

1952年,范长江同志告别新闻界,服从组织安排转战文教科技战线。在中国科协工作期间,他的认真劲儿还是不减,一有空就钻研农作物改良以及物理、化学这些基础和科普知识。

当"大跃进"到了高潮的时候,科学家们与农民也开始打擂台,范长江在这个时期是冷静的。"讲真话,不跟着瞎起哄"是他一贯的作风。他虽然没有种过地,却零距离接触过大江南北的农村和农民。他知道一亩地到底能产多少粮食,他听到别人鼓吹高产时,他是憋不住心里话的。在一次高校大会的讲话中,他认真严肃地说:"就是把十亩地的稻子插到一亩地里,密不透风,也到不了一万斤,那些人都在胡扯蛋!"那个时候敢在大会上公开这样讲的,恐怕只有他一个人!

1963年,范长江带领国家科委和科协共99人到浙江诸暨县搞"四清"运动。当时诸暨县公路很少,农村多数地区没有通电,他白天在田野里忙碌,晚上就住在农家小院,几乎走遍了诸暨县的高山低谷、穷乡僻壤。

他参与组织领导了1956—1967年科学发展规划的制定工作和中华人民共和国科学技术协会的创建工作;组织了1964年和1966年在北京召开的国际性的科学讨论会和物理学讨论会等科学界的重要会议;他团结和关心科学家及知识分子,努力为他们创造条件,解决后顾之忧,充分调动他们的积极性;他深入基层调研,推动了群众性科学实验的发展,特别是对新中国成立后科协的创建和发展做出了重大贡献。

快乐行动

1. 在周围的同学、亲友中做个调查，感受科学发展带来的好处。
2. 采访身边不同职业、不同年龄的人，请他们说说对自己生活影响最大的科技成果有哪些。
3. 请以《我的生活因它而精彩》为题目，举办一场演讲会。
4. 科技带来的都是好处吗？收集有关核能的资料，展开一场辩论会。
   题目：核能利用是利大于弊还是弊大于利？
   甲方：利大于弊
   乙方：弊大于利
5. 了解什么是"诺贝尔奖"，说一说我国有哪些科学家获得此奖项？
6. 搜集历次神舟号火箭发射的资料，做成一张精美贺卡送给家人。

第六节　蒙冤离世

"文化大革命"期间，范长江被扣上了一些不实的帽子。他虽然主动上交了自己的日记本、笔记本及有关资料，甚至把二十多年前写的《祖国十年》的手稿都上交了，但仍然过不了"关"。最终，范长江于 1970 年 10 月 23 日离世，终年 61 岁。

在此期间，范长江写下了"横眉冷对众虎狼，俯首甘随牧牛郎。层层迫害骨愈坚，种种欺蒙瓦上霜。手无寸铁兵百万，力举千钧纸一张。坚持真理勇战斗，先生火炬照四方"，以此表明自己的心意。

经典诵读

笼鹰词（lóng yīng cí）

（唐）柳宗元

凄风淅沥飞严霜，苍鹰上击翻曙光。
云披雾裂虹霓断，霹雳掣电捎平冈。
奋然劲翻剪荆棘，下攫狐兔腾苍茫。

爪毛吻血百鸟逝,独立四顾时激昂。
炎风溽暑忽然至,羽翼脱落自摧藏。
草中狸鼠足为患,一夕十顾惊且伤。
但愿清商复为假,拔去万累云间翔。

题骦马冈

（宋）岳飞

立马林冈豁战眸,阵云开处一溪流。
机舂水汦犹传晋,黍秀宫庭孰悯周?
南服只今歼小丑,北辕何日返神州?
誓将七尺酬明圣,怒指天涯泪不收。

阅读材料

位卑未敢忘忧国,事定犹须待阖棺。——陆游《病起书怀》

捐躯赴国难,视死忽如归。——曹植《白马篇》

苟利国家生死以,岂因祸福避趋之。——林则徐《赴戍登程口占示家人》

少年强则国强,少年独立则国独立,少年自由则国自由,少年进步则国进步……少年雄于地球,则国雄于地球。——梁启超

勿以恶小而为之,勿以善小而不为。惟贤惟德,能服于人。——刘备

快乐行动

1. 访问周围的老人,了解"文化大革命"给人民带来的灾难。
2. 开展以"振兴中华,我们的责任"为主题的演讲比赛。

3. 开展长江事迹知晓度问卷调查活动，并写一篇通讯，在微博朋友圈里"晒一晒"。
4. 选择一句名言作为自己的座右铭，并写下来。
5. 品读梁启超的《少年中国说》。

第七节 平反昭雪

1972 年，毛泽东得知范长江被迫害致死的消息后，十分沉痛，亲自作了批示，使范长江的政治生命得到了保护。邓小平同志主持中央工作后，于 1975 年为范长江同志举行了遗体告别仪式。1978 年，为范长江同志举行了追悼会，追悼会在北京八宝山革命公墓举行，时任中组部部长的胡耀邦同志代表党中央致悼词，正式宣布为范长江同志平反昭雪，恢复名誉。

 经典诵读

正气歌（zhèng qì gē）

（宋）文天祥

天地有正气，杂然赋流形。下则为河岳，上则为日星。

于人曰浩然，沛乎塞苍冥。皇路当清夷，含和吐明庭。

时穷节乃见，一一垂丹青。在齐太史简，在晋董狐笔。

在秦张良椎，在汉苏武节。为严将军头，为嵇侍中血。

为张睢阳齿，为颜常山舌。或为辽东帽，清操厉冰雪。

或为出师表,鬼神泣壮烈。或为渡江楫,慷慨吞胡羯。

或为击贼笏,逆竖头破裂。是气所磅礴,凛烈万古存。

当其贯日月,生死安足论。地维赖以立,天柱赖以尊。

三纲实系命,道义为之根。嗟予遘阳九,隶也实不力。

楚囚缨其冠,传车送穷北。鼎镬甘如饴,求之不可得。

阴房阗鬼火,春院闷天黑。牛骥同一皂,鸡栖凤凰食。

一朝蒙雾露,分作沟中瘠。如此再寒暑,百沴自辟易。

嗟哉沮洳场,为我安乐国。岂有他缪巧,阴阳不能贼。

顾此耿耿在,仰视浮云白。悠悠我心悲,苍天曷有极。

哲人日已远,典刑在夙昔。风檐展书读,古道照颜色。

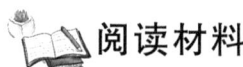 阅读材料

载誉归来

1980年4月,《中国的西北角》由新华出版社重新出版。范长江夫人沈谱亲自

写序。时隔不久,《塞上行》也重新出版了,范长江的战地通讯以及部分新闻论文也集结为《通讯与论文》一书出版。1986年,由四川省记协、新闻学会、中国人民大学和四川大学新闻系,以及中共内江地委宣传部联合举办了"范长江新闻思想和新闻实践研讨会"。1989年,由沈谱编辑的《范长江新闻文集》由新华出版社出版。

1991年,经中宣部批准,设立了"范长江新闻奖",这是优秀中青年记者(包括新闻节目主持人、新闻播音员)的最高荣誉奖。2005年,该奖项与"韬奋新闻奖"合并成为"长江韬奋奖"。全国性的大奖以范长江的名字命名,也是对范长江永远的怀念。2000年,国务院把每年的11月8日确定为中国记者节,我国的新闻从业者有了属于自己的节日,作为新闻巨子的范长江,也获得了自己独有的声誉。

2009年,范长江诞辰100周年,中国记协于11月9日在北京召开了纪念范长江同志诞辰100周年的座谈会。四川省内江市东兴区田家镇赵家坝新建范长江故居(纪念馆)开馆。时任新闻出版总署署长柳斌杰给纪念馆题词"为革命立言立德,给人民存文存史"。2014年在范长江故乡举办"绿色中国行——走进美丽内江暨范长江新闻林启动仪式",新华社、人民日报、中央电视台等媒体相继在这里植树造林,挂牌设点,共建绿色中国林。纪念馆被中宣部列为新闻界首个"全国爱国主义教育示范基地",成为"中国长江记者家园"。

沈谱近况

《农金周报》特约记者 黄维华 1995年7月8日

今年六月初,我到北京探亲,拜见了中共著名新闻记者和新闻界领导人范长江的夫人沈谱。沈谱是中国著名进步革命人士沈钧儒的女儿,早年在成都华西坝金陵女子大学化学系毕业后到重庆工作,成为地下党员,并在邓颖超同志身边工作。1939年经周恩来同志介绍与范长江相识。在长期的地下斗争中,他们萌发了爱情,于1940年12月在重庆枣子岚垭良庄结为伉俪。范长江于1970年10月23日被"四人帮"和林彪死党迫害致死在河南省确山以后,她化悲痛为力量,拼命地为党工作。

沈谱老人中等个子,宽宽的额头,白胖的脸膛,头上披满银霜,脸上常露慈祥的笑容。她虽然78岁高龄,患有心脏病,听力差一点,但身体还硬朗,食量不减,目光锐利,记忆力强,我们尽管是第一次见面,她却能凭着过去的照片,凭着解放前在白区长期地下斗争养成的锐利眼光,一口叫出我的名字来。在这个简朴而充满温暖的家里,她竟把沙发让给我们年轻人坐,自己坐在独圆木凳上,同我们亲切畅谈了三个多小时。她已离休,却时刻不忘国家大事,天天看书看报,经常参加各种社交活动,拜访友人,撰写回忆文章。她文思敏捷,记忆力惊人,讲话声音洪亮,口语流畅,不戴眼镜,能在前一天晚上到次日早上凌晨一时,从起草到脱稿,赶写出一篇长达5000字的纪念文章。

四川省内江市东兴区田家镇赵家坝是范长江的故乡。沈谱老人对长江故乡改革开放以来建设的情况十分关心。她询问了内江市和东兴区党政、文化教育、经济发展、今年旱情和军民抗旱,以及长坝山"四川省长江森林公园"、范长江纪念馆设施建设的进展情况,我们就知道的情况一一作了回答。老人慈母般的微笑着,不时点点头。我们在她家中共进午餐并合影留念。告别时,她乘电梯送我们到大门外,一步三回头,依依惜别。

快乐行动

1. 查阅"范长江新闻奖"获奖者名单,品读他们的作品,写 1~2 篇读书笔记。
2. 编写长江事迹宣讲词,做长江事迹解说达人。
3. 选拔优秀小记者,成立"长江小记者站"。

第三篇

卓越成就

范长江同志做记者的岁月虽然不满20年，但是他为中国新闻事业留下的财富，至今都熠熠生辉。他的《中国的西北角》和《塞上行》成为新闻界的经典之作，使为之供稿的《大公报》销量陡增，成了全国舆论的中心，同时也让他成为中国最有影响的记者之一。范长江对中国新闻之杰出贡献，在于他利用国民党官方"话语"的缝隙，挑战禁区，记录了红军长征的"历史真实"。抗战爆发后，他奔赴华北、淞沪、苏皖等战场，在《大公报》上总计发表战时报道70多篇，近20万字，有力的报道极大地鼓舞了全国军民的抗战斗志。

作为记者，他写的通讯集《中国的西北角》《塞上行》《西线风云》已成为中国现代新闻的经典之作，他是新闻工作者的光辉榜样；作为新闻事业的开拓者，他创办"青记"，创建"国新社"，创办《华商报》等，开创新中国的新闻事业；他还兼任北京新闻学校校长，培养各种层次的新闻干部，为新闻战线输送人才，为新中国的新闻教育走向正规化、专业化做出了贡献。

作为科技战线的领导，他加强学习，努力提高业务水平，充分展示了卓越的领导才能，有力地推动了科学工作的发展，为社会主义科学事业做出了重要贡献。

"手无寸铁兵百万，力举千钧纸一张"，这是范长江"一代典范，光耀千秋"的真实写照，也是他指引后代成为坚持真理、清正廉洁、无私无畏的新闻工作者的座右铭！

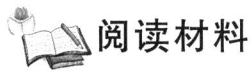 阅读材料

邹韬奋

邹韬奋（1895—1944），原名恩润，乳名荫书，曾用名李晋卿。近代中国著名记者和出版家。江西余江县潢溪乡渡口村委会沙塘村人。1922年在黄炎培等创办的中华职业教育社任编辑部主任，开始从事教育和编辑工作。1926年接任《生活周刊》

主编，以犀利之笔，力主正义舆论，抨击黑暗势力。"九一八"事变后，邹韬奋在上海全身心投入抗日救亡运动，后辗转到重庆、汉口、香港继续开展爱国救亡工作。1943年因患脑癌秘密返沪就医，第二年不幸逝世于上海医院，终年48岁。

邹韬奋逝世后，党中央给他很高的评价。1956年，上海市政府出资修复邹韬奋的故居，并在隔壁建立了韬奋纪念馆。2009年，邹韬奋被评为100位为新中国成立做出突出贡献的英雄模范之一。以他的名字命名的"中国韬奋出版奖"是目前我国出版界的最高奖项，以他的名字命名的另一奖项"韬奋新闻奖"是中国新闻界的最高奖项。

快乐行动

1. 学做"长江小记者"，在校园内选择一名采访对象，写一篇采访稿。
2. 查阅范长江成就的资料，制作一张精美的明信片，送给家人或朋友。
3. 参观邹韬奋纪念馆或查阅相关史料，把他的成长历程和你的感受写下来，分享到QQ朋友圈。

第一节　光辉业绩

1. 三个"第一"

关于红军长征的报道，第一个全面、客观、真实地报道红军长征；关于西安事变的报道，第一个揭示西安事变的真相；关于延安的报道，第一个报道中国共产党的抗日民族统一战线的主张，是国内记者采访延安第一人。

2. 新闻贡献

范长江的独特贡献不仅表现在"三个第一"方面，还在于他开拓了新中国新闻事业的全过程：从事新闻报道、创办新闻媒体、培养新闻骨干。1941年起，他先后创立《华商报》《新华报》、新华社华中分社及《新华日报》（华中版）、《人民日报》（北平版）等新闻媒体；1946年2月创办了中国共产党第一所新闻学校——华中新闻专科学校，并担任校长；他还创立"青记"等记者协会，团结和培养了一大批进步青年记者，为争取抗战胜利、新中国新闻和科技事业的建设做出巨大贡献。

3. 科技成果

范长江参与组织领导科学发展长远规划的制定工作和中华人民共和国科学技术协会的创建工作；组织召开国际性的科学讨论会和物理学讨论会等科学界

的重要会议；团结和关心科学家及知识分子，充分调动他们的积极性；深入基层调研，推动了地方科学实践工作的发展，为发展社会主义科学事业做出了重要贡献。

阅读材料

过大雪山（节选自《中国的西北角》）

到此虎豹区，夜间当有警戒，记者与同伴决定轮班值夜，记者所值，为午夜后二至三时。九时左右，同伴刚解行李席地就寝，警戒者即以虎警闻，幸即他去。记者当值时，身披棉被，手提手枪，仰观满天星斗，耳听呜呜风声，极目向四面黑暗中侦察。此时心境旷逸，忽东忽西，深觉人生之平淡，所以终身奔劳不休者，特为生存之必要所驱使，并无特别之意义，故本于生存之必要而活动，此即为人生之真谛。

二十六日俟日出始登雪山，但前进四五里，仍不见大山峰，路宽而平，山皆草地，亦无森林。再前进，亦仅平斜之山坡，绝无险峰，问之东来者，谓前面能见之小坡即为大雪山顶，记者因疑一般传说所谓可怕之大雪山者，并不见其真可怕也。适路左草丛中，跃出黄色野物二，初以为山羊，逾俟其走近视之，为大小二鹿，记者急拔左轮枪射之，同伴亦出驳壳快发击之，皆未中，任其逸去。迨接近山顶，忽然呼吸困难，行三五步或十余步即觉喘气不通，必须休息，同伴皆如此，众始惊异。夫役一名，竟自倒地且死，急施以药，强扶之始能行。愈近山顶，呼吸愈难，大家至此始悟大雪山之所以可怕者，特因其地势过高，空气稀薄，心脏衰弱者，必因空气之不足而危及生命。盖大雪山离海平面五千公尺以上，合中国营造尺一万五千尺以上，其东南有一水成岩高峰，终年积雪不化，名"雪宝顶"，过雪山者，皆能望见。记者到山顶后，因等后面同伴，停留甚久，此时正午前十一时左右，日光直射，然而风寒刺骨，必须运动或在避风处，始能久持。举目四望，群山皆低，所谓"只有天在上，嶙嶙万山低"者，凡曾过雪山顶者皆能领略此中真义矣。

快乐行动

1. 品读范长江的通讯作品《过大雪山》，写一篇读后感。
2. 上网或到图书馆查阅范长江在科技界所做的工作，并分享给你的家人或朋友。
3. 查一查资料，找出获得"长江韬奋奖"的记者名单，品读他们的通讯作品。

第二节　最高荣誉

范长江去世后,党和国家以最高的荣誉形式来表达对他的纪念。把范长江创建"青记"的日子(1937年11月8日)定为中国记者节;1991年以范长江名字命名的"范长江新闻奖"是经中共中央宣传部批准常设的全国性新闻奖,该奖项2005年与"韬奋新闻奖"合并成为"长江韬奋奖"。

第四篇

长江精神

20世纪30年代的中国面对内忧外患,日本帝国主义企图灭亡中国的侵略战争已经开始。国民党对外卖国投降,对内"围剿"工农红军,人民陷入水深火热之中,祖国面临亡国的危险。正在求学的长江同志,怀着救亡图存、探索真理的愿望,离开内江,踏上了抗争之路。在革命的实践中,他逐步认识和接受了马列主义和毛泽东思想,一旦他接受了革命真理,就勇往直前,为革命事业奋斗终生。

无论是人迹罕至的原始森林、空气稀薄的崇山峻岭、狂风怒号的戈壁沙漠,还是炮火纷飞的前沿阵地,都留下了长江同志的足迹。他被誉为20世纪30年代我国新闻战线上的一颗红星,在抗日宣传工作中做出了重大贡献,为创建和发展我国无产阶级的新闻事业立下了不可磨灭的功勋。他一生命运多舛,虽然26岁就成了中国知名记者,但是他成长在国难中,随时面临着各种生死考验。历经磨难的他,却始终如一以全社会的问题为己任,把自己的工作当成为群众服务。

为中华民族之独立与自由而呼号。——范长江

一个记者,如果能为一个伟大的理想工作,那是很值得"鞠躬尽瘁,死而后已"的。——范长江

任何一个革命家、思想家、科学家、文学家、社会实业家,他的首要条件是全心全意为人民服务,把自己所从事的有益于人民的工作,作为自己最高的生命,为了人民的利益,可以牺牲自己的一切。如果没有这一条,经常在个人名利中打圈子,无论如何是不可能有真正伟大成就的。——范长江

第一节 刻苦努力

范长江上小学时,读书重点在国文,考入内江县立中学后,开始学习数理化课程。但在这些方面,他基础较差,成绩落在了全班后面。不服输的范长江暗暗下功

夫，别人休息时他就刻苦读书，甚至晚上还加班"开夜车"。经过一番努力，他的学习成绩很快提高，进入了全班的前三名。同学们佩服他的刻苦钻研精神，给他取了一个绰号叫"金刚钻"。

1937年"卢沟桥事变"爆发，范长江立即投入紧张的战地采访工作，往来奔波于各抗日战场，写出了《卢沟桥畔》《血泊平津》《西线风云》等大量战地通讯，宣传抗日。1938年后，他到徐州、江北、江南等战场开展劳军和战地采访工作。中华人民共和国成立后，他呕心沥血为人民办报。离开新闻界进军科技界后，他努力学习，关心科学工作者，深入工作第一线，为新中国的科学事业做出了重要贡献。

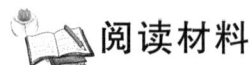 阅读材料

集市卖面

范长江小时候虽然身在封建地主家庭，但是因为家道中落，加上父亲常年不在家，也很少寄钱回家，而母亲家也很穷，因此家庭经济困难。读书的费用，全靠母亲日夜操劳，用织麻纺线等副业劳动换来的钱支付。

范长江是长子，母亲叫他干活的机会更多。有一次，正好是逢场天，母亲拿出自己制作的挂面，要他到集市上去卖，换些钱来贴补家用。长江看着母亲装在背篓里的挂面，想到自己在集市上吆喝着卖面的情景，感觉很丢脸，是一种莫大的耻辱，说什么也不愿意去。

母亲看到范长江不愿意去集市上卖挂面，非常难过。她耐心地教育长江说："出售自己制作的挂面，是劳动所得，怎么会感觉到耻辱呢？孩子，你要记住，我们是靠自己的劳动生活，不偷不抢，也没有祈求别人的施舍，这是最光荣的事情。"听了母亲的教诲，长江懂得了做人的道理。他背起背篓，朝集市上奔去。

后来，长江同志经常把小时候的故事讲给年轻人听，希望年轻人养成勤劳刻苦、脚踏实地、不慕虚荣的好品质。

励志格言

勇敢坚毅真正之才智乃刚毅之志向。——拿破仑
人所缺乏的不是才干而是志向，不是成功的能力而是勤劳的意志。——部尔卫
志向和热爱是伟大行为的双翼。——歌德

快乐行动

1. 说说范长江是如何刻苦学习的。联系自己的实际，制作学习时间安排表。

2. 珍惜时间好好学习，学好本领为国争光。请背诵一首劝学、爱国或励志的诗歌。
3. 搜集你喜欢的励志格言做成精美的书签，送给身边的朋友。
4. 劳动最光荣。说一说你参加的最有意思的一次劳动，把劳动的感受写下来，分享给你的亲人和朋友。

第二节 爱国主义

范长江的通讯报道有很强烈的政治内容，他关心苦难深重的祖国，关注中国的西部，研究西部的红军，主张联合抗日，宣传民族应该平等，军阀应该被打倒，人民应该得到更好的生活，深得人心。当年去西北采访，是什么力量使他下了决心？中华人民共和国成立后，长江在《通讯与论文》中回忆说："抱负、理想，不是个人主义，这是我们的国家，广大群众所要求希望于记者的。"

长江冒着生命危险行进在中国的大西北，是有方向的，他写文章是有主张的，他在困难中苦苦寻找救国的良方。他爱自己的祖国，心中有苦难的人民。一篇篇"西北通讯"，诞生于中华民族团结抗战的前夜。它们饱含着长江的爱国之情，寄托着民族的希望，插上沉重的翅膀，飞遍祖国的大江南北，唤醒四万万沉睡的同胞。他的报道"对国民党西北地区政治的黑暗、人民的疾苦、日本帝国主义侵略的危机，做了淋漓尽致的揭露"，突破了国民党的新闻封锁，粉碎了反动舆论对红军和长征所制作的"红色恐怖"谎言，在全国引起了极大的振动。

范长江后来在《我的自述》中提道："从1927年到1935年，在国民党的统治区中，在合法出版的报纸书籍中，公开称红军，对剿匪加引号，而且用文字公开透露出红军是北上抗日，并不是流寇，我是第一人。"在国家危难关头，作为一名新闻记者，他用坚定的信念和理想，挺直了知识分子的脊梁，为祖国抗争，寻求救国之路。这种爱国之情，大无畏的战斗精神，永远令人敬仰！

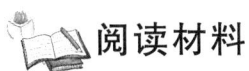 阅读材料

从嘉峪关说到山海关——北戴河海滨夜话（节选自《塞上行》）

"你们中国的长城，我大体看完了。同时长城原来的边防作用，也大体完了！日本在平津驻兵之后，日本也不要长城来作'满洲国'的国界了。但是一个国家，不能不有一个国界，不能不有个国防线，我不知道你们中国将来的长城究竟在哪里！"这位老新闻记者，滔滔不绝地讲他的感想。似乎他在用他的至诚，想把他全部援助中国的意见，都在中国地面上说出，才称他的心意。

随着皓月的升空，一个比一个大的海潮，向我们所坐的石岛冲来。遐想笼罩了我整个的心灵，他的谈话暂停之后，要不是涛声的激荡，我们也只能听到彼此的呼吸声音。这时，远远的海上，在水光月影之中，浮出了一只小艇。接着随风送来艇上一群青年的歌声："起来！不愿做奴隶的人们！把我们的血肉，筑成我们新的长城。中华民族到了最危险的时候，每个人被迫着发出最后的吼声，……

歌声与潮声相合和，雄壮激昂。他兴奋地听着说："这是你们中国青年的吼声吗？""是的。"我如此回答。（一九三六年八月二十三日于北平）

快乐行动

1. 查阅中国地图，找到嘉峪关和山海关的位置，并画出它们的区域。
2. 以爱国为题材制作手抄报，并在微信或微博朋友圈"晒一晒"。
3. 以《我爱祖国》为题，写一篇文章，分享给同学或朋友。
4. 参加一次以"爱国在行动"为主题的综合实践活动，并写一篇通讯。

第三节　追求真理

范长江寻求真知和真理，这条红线贯穿在他读书和作为新闻记者的生涯中，从未改变。当日本侵略势力步步进逼，大批国土沦陷之时，蒋介石不去抗日，却以"攘外必先安内"为借口，调动主力国军对苏区开展一次次"围剿"。事实真的如国民党政府所说，中国共产党主张"共产共妻"，到处"杀人放火"，是一群"土匪流寇"吗？

长江同志始终坚持新闻人的"诚"字箴言，深入第一线采访，探寻真理，敢说真话，一生追求真理。1934年5月，他冒险前往南昌，秘密阅读从苏区"缴获"的小册子，了解红军土地革命的政策和军事管理等相关信息。1935年，他独自前往大西北采访，探寻红军长征的真相，了解西北的真实情况。1937年2月，只身冒险前往西安采访，报道西安事变真相。1937年2月，他独自冒险前往红都延安采访，了解红军的政治主张，探寻中国出路。1958年至1960年"大跃进"期间，范长江不盲从，敢于说真话。

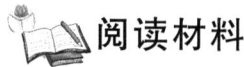阅读材料

陕北甘东边境上（节选自《中国的西北角》）

此间无土地之农民甚少，但因地广人稀，大地主所拥有之土地，面积之大，实

可惊人。往往以山或川为计算大地主所有权所及地区之单位，如云某某川为某人所有，或某山为某人所有。彼此之间，亦无精确界限。庆阳城中有数大财户，拥有数条川道土地，究不知其面积有多少。当其盛时，但知有牛八百万头，羊一千二百万只。如以牛作五元一头，羊作二元一只计算，则其货币财产当为六千四百万元。

过去军事割据时代，马连河流域边僻之区，军人与贪官土劣相结为恶，无限度的剥削农民。环县、合水、保安一带，因对外交通闭塞，剥削方法更新，往往一担柿子，通过街道，须纳税四五角，全担柿子之本价，或不及此数！鸦片烟税每亩抽四五十元，而每亩产烟之全价，亦不过如此！庆阳一县，从前每年收入不过四万余元，而每年支应军费在十二万元以上！此种额外收入，皆非法取之于民间，贪污土劣更从中多方勒索。积数十年来之事实，已使此方农民得一深刻之观念，即一切政府机关法令委员等，皆以"要钱"为本质。故对政府根本失去信仰。

地方教育尤落伍可笑，各县皆无中学，高等小学已为最高学府。主持高小之先生，必授"学而""先进""诗云"等科目，始受地方欢迎。如教"科书"（即"教科书"之俗称），则此先生准有打破饭碗之危险。故此等小学中，往往有三十左右之老学生，仍对新旧知识，一无所知。其父兄则尚往往以其子弟系"学而未进"自慰。

快乐行动

1. 将以上新闻改编成一个小故事，深刻领会长江新闻蕴含的深意。
2. 如何理解"故对政府根本失去信仰"这句话？
3. 将《陕北甘东边境上》通讯内容编写成一台话剧，并在班级演出。
4. 查阅"大跃进"史料，了解"大跃进"给中国人民留下的深刻记忆。

第四节　不畏艰险

范东升先生在《范长江研究与实事求是的精神》中说道："范长江的西北考察旅行，他徒步跋涉，乘黄包车，骑马，骑牦牛，坐牛皮筏，骑骆驼，坐铁皮轮大车，乘客货混装汽车，翻越崇山峻岭，渡过激流险滩，穿行千里戈壁，驰过茫茫草原。曾攀过涪江铁索桥，登上松潘大雪山，在白雪皑皑的祁连山中夜宿荒野石窟，在风沙漫漫的巴丹吉林沙漠里吞食'黑蝇麦片'，其足迹遍及四川、青海、甘肃、宁夏、内蒙古、山西、陕西等西北广大地区，可谓餐风露宿、披星戴月、马不停蹄。"

台儿庄战役失败后，日军野心不死，调动更大兵力，企图从南北夹击徐州，打通津浦线，徐州形势危急。1938年5月15日，长江、陆诒在郊外云龙山一家小茶馆召开"青记"座谈会，商讨如何进一步加强新闻记者的协作事宜，做好全面报道工作。30多架敌机窜进徐州市内狂轰乱炸，城内的《动员日报》社被炸毁了。汪止豪、洪雪村抱着一部电话机，满身尘土来到云龙山，报告被炸经过。电话机是他们从瓦砾中挖出的仅有财产，其他公私财物全部被炸光。长江听后，安慰大家说，只要人在，还可以出油印报纸，敌人动摇不了我们抗日的决心！

为了及时发出抗战新闻，长江一次在突围中翻车受伤。《塞上行》中《忆西蒙》一篇，是范长江在冒着生命危险完成一次旅行后所写成的。周恩来在给他的信中说："听到你报道的前线上英勇的战讯，并带着光荣的伤痕归来，不仅使人兴奋，而且使人感念。"

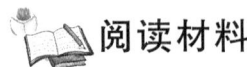阅读材料

忆西蒙（节选自《塞上行》）

倾覆的车子，原来是我坐的。我的行李完全在那辆车上，都被抛压得粉碎不堪。车子的四周，东一个破箱子，西一个散布包，破碎的玻璃，零乱的货物。车箱四周有许多殷红的鲜血，水箱和油箱漏出来的液体，浸润了一块一块干燥的沙滩。鞋子、帽子、饼干筒……完全和败了兵的战场一样。

轻重的伤者，虽然有许多人看守着，然而紧急治疗伤病，却没有医生。九年前我做看护兵的经验，正好勉强来使用。初步消毒、止痛和绑扎，都是我一个人下手。此时我俨然作了战后的救护工作，内心笼罩着无限的凄凉！

紧接着我们全体的问题来了。这两个重伤的，决定不能再行前进，必须送回包头，而且当晚必须在外蒙古边上度过一宵，万一被外蒙兵发觉，扣解库伦，问题可真不小。这里没有水，还是小问题。终于这样商定，如果蒙古兵来了，我们请会蒙古语的人交涉，如果俄国人来了，请会俄语的某君和某女士去对付。谈话原则，我们乃被东邻压迫，不能生存的人民，我们要到新疆去，准备我们回东北的力量。假使他们是同情反对侵略的，也许不为难我们。

有经验的旅客，抱着枪，离开车辆和帷幕去睡觉。理由是，蒙古人如果来袭击，一定对准车辆和帷幕来。

快乐行动

1. 背诵李白的《蜀道难》，体会长江同志西北之行的艰辛。
2. 把以上通讯改写成一个小故事，并讲给同学和家人听。
3. 安全重于泰山，学习自救自护知识是非常必要的。学习自救自护知识，参加"紧急救护"演练，做勇敢的"小医生"。

第五节 敢于探索

在北大时期,范长江的核心思想体系业已形成。人民的立场、爱国的情怀,与民主、科学、自由等启蒙理念,使他确立了奋斗目标:为中华民族独立与振兴,为建立民主、自由、繁荣、富强的中国而奋斗。在革命的浪潮中,长江同志由一名具有革命民主主义思想的知识分子、有着强烈正义感和爱国主义精神的新闻记者,蜕变成坚定的共产主义战士、无产阶级新闻事业的领导者。他一旦认定了方向,便始终如一地坚定跟党走,始终坚持按毛主席指示的目标而努力奋斗,为新中国的新闻事业而战!

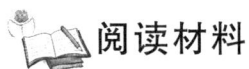阅读材料

有趣的对比

同样写红军长征,范长江在《中国的西北角》中这么写:"此次毛泽东以不及万人之疲惫之徒步之师,截击与追击之者,不下数万人,如跟踪以入陕北,不但毛泽东一路将散之大半,即刘志丹之老家,亦将大受影响。"

但是投身革命后,他写《长征与追击》一文,变成这么看:"长征,十万人的长征!十万人经过高山大河蛮荒绝域的长征!这不是和平的旅行,这是有二十倍三十倍以上的敌对力量在沿途截击追剿,而且有沿途地方政府经济和交通便利上用一切方法阻难的战斗行进!这个历史上无先例的长征,先后共经一年,1935年10月20日长征的先锋部队才到达陕北。这是二万五千里的政治事业。……如果说这是'土匪',那中国竟有如此众多优秀的土匪,应当是中国的光荣!如果事实上这些都是中华民族优秀的儿女,我们对于消灭他们的计划之未能成功,不能不引为民族之大幸!"

范长江在前一则通讯里冷静地评述事实,后一则明显是热烈的赞美,这是视角的转变,政治态度的转变!前者是范长江以自由的民主主义者的眼光审视长征,而后者则是他以新民主主义战士的身份,讴歌红军所肩负的历史重任和人类伟大的解放事业!

快乐行动

1. 品读范长江的通讯《长征与追击》,并将其中的故事讲给父母听。
2. 搜集革命诗歌,抄写下来,在QQ、微信或微博朋友圈分享。

3. 以"理想"为主题写一篇演讲稿,参加演讲比赛。
4. 说一件你在生活中遇到的最困难的事情。你是怎么想的?打算怎么克服它呢?

第六节　清正廉洁

他"手无寸铁兵百万,力举千钧纸一张",一生追求真理,为"中华民族的独立与自由呼号"。他恪尽职守,秉承"先天下之忧而忧,后天下之乐而乐"的家训,一条旧毛毯,一件旧皮衣,成为后代的励志传家宝,是一位令人肃然起敬的廉洁楷模。

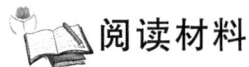 阅读材料

五字箴言

白居易写过一首诗叫《观刈(yì)麦》,其中有这样的句子:"今我何功德?曾不事农桑。吏禄三百石,岁晏有余粮。念此私自愧,尽日不能忘。"范长江十分喜爱这首诗,时常吟咏以自勉。岳父沈钧儒见范长江非常喜欢,就抄录了一份送给他,并题词:"与长江共勉之。"这首诗成为范长江的最爱,是他留给子女的家训,他希望孩子们体会最底层人民的辛苦,不要忘记老百姓,不要忘记人民,一生清正廉洁。

范长江用这首诗自勉,把自己的一言一行作为教育儿女最好的教科书。他告诉孩子们,要记住五个字:"懒、馋、贪、占、变。"一个人并不是一开始就是坏的,而是由最开始的懒,接着变成馋、贪、占,最后就彻底腐化堕落了。长江先生没有给孩子们讲大道理,而是将这五个字送给孩子们,防止他们出现这样的问题,坚守清正廉洁的底线。

范长江既用"懒、馋、贪、占、变"这五个字鞭策自己,又将之作为规谏孩子们健康成长的风向标。

廉洁格言

人人廉政腐败灭亡;人人自律党风自强。
上不愧党勤政之根;下不愧民廉政之源。
挡不住今天的诱惑将失去明天的幸福。
心无私欲自然会刚;人无邪念自然公正。

快乐行动

1. 查找史料，讲一讲范长江清正廉洁的故事。
2. 背诵古诗《观刈麦》，并翻译成白话文。
3. 说说"懒、馋、贪、占、变"的含义，请家人给自己讲一个身边的廉洁故事。
4. 小手牵大手：收集廉洁格言，制作成优美的卡片送给父母，与父母共勉。
5. 互动游戏：我是家务小能手。

第七节　热爱家乡

　　自 1927 年离开家乡后，范长江曾四次回到故乡内江，探望父老乡亲。每次都竭尽所能，为家乡谋发展，为父老乡亲服务。

　　1935 年 6 月 2 日，范长江回到家乡，白天抽空调查了内江的糖业，当晚停宿在内江县城，抽空回家见了时常牵挂的母亲和弟弟。他写出了《内江的糖业》一文，指出内江糖业的危机，是产业链出了问题，为振兴内江糖业指明了方向。

　　1937 年 5 月，他第二次返乡，看到四川大旱，因时间紧急，他以焦虑的心情，记述了家乡惨烈的灾情，为家乡父老向政府请命，免除苛政；向社会呼吁，救济灾民。范长江回到成都后，马上找到内江同乡会，商量为家乡灾民募捐的事，落实具体办法，尽快进行募捐。

　　1939 年 6 月，范长江回内江向学生讲述时局，同时还有不少社会人士参加。范长江以"警惕远东慕尼黑"为题，向群众宣传抗战形势，阐述必须扩大人民民主力量，无论前方后方，军队、民众都应该动员起来，守土有责，共同抗日，才能挽救危亡的道理。希望同学们关心时事，站在抗日救亡的前列，成为坚定的爱国者。在老舍、范长江的鼓励和闻化鱼等的积极支持下，内江办起了综合性的文学月刊《文化动员》，刊载了宣传抗日救亡的诗歌、戏曲、小说，受到了各界群众的欢迎。

　　1961 年范长江最后一次回内江，正是全国都在挨饿的时候。当看到家乡人依然面如菜色、听到还有饿死人的事情后，他除了难过就是愤怒。范长江离开内江后，地委采取了措施，给赵家坝农民们增加了粮食指标。多年后，范长江的小学同学杨吉文回忆说："他一回来，我们的粮食就增加了，不然那会儿还要饿死好多人！"

　　心系国家，不忘家乡，范长江一生都在为国家和家乡奔忙。

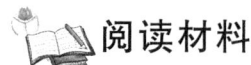 阅读材料

文明只差一步

星期一,小明和小红放学后,一前一后地走在回家的路上。他们看到道边有一个垃圾桶,垃圾桶的外面堆着一些垃圾,老远就闻到一股难闻的气味。他们想:肯定是有些人图省力,把垃圾直接丢到桶外边。

小红看到这一幕,心想:家长和老师经常教育我们,保护环境人人有责。于是她不怕脏,不怕累,弯腰把垃圾捡起,放到垃圾桶里。跟在后面的小明看到小红的行为,心里感触很深,于是便拿出纸和笔来,写了短短6个字:文明只差一步。就是这短短的6个字,写出了大家心中的想法;就这6个字,成了人们保护环境的警钟。

是啊,文明离我们就只是相差一小步。你如果做到了,你就是一个人人称赞的环保小卫士。如果人人都能做到像小红那样,我们的城市就会更加干净美丽,我们生活的环境就会更加美好,空气就会更加清新。

亲爱的朋友们,为了我们自己,为了我们的城市建设,讲究卫生、保护环境、保护自然,已是刻不容缓的事。赶快行动起来吧,从小做起,从我做起,从现在做起!

快乐行动

1. 说说长江同志为家乡做的贡献,讲述长江家乡现在的变化。
2. 认真参观家乡的美景,画一幅优美的家乡风景图,在你的微博朋友圈"晒一晒"。
3. 查阅环保资料,制作环保手抄报,开展一次环保宣传活动。
4. 开展一次清理周边环境的活动,自觉做环保"小卫士"。

第八节 无私奉献

1935年6月,范长江因为工作关系回内江县城与母亲做了短暂的会面。因为长江的父亲在县城谋了一个职务,全家从赵家坝搬到了县城。忙完了工作,长江回家探望亲人。他轻轻地敲开家门,看到面容憔悴的母亲,不仅潸然泪下。母亲见到七八年都没有回过家的儿子,泣不成声。母子俩紧紧握住对方的手,久久不

愿松开。父亲外出没有在家，长江只见到了母亲和弟弟。长江和亲人们倾诉离别之情，彻夜未眠。天快亮了，长江不得不离开母亲和 8 岁的弟弟，前往成都继续工作。

1940 年 12 月 10 日，范长江和夫人沈谱在重庆良庄结为伉俪。婚礼在岳父沈钧儒（救国会领导人）家中举行。周恩来同志亲临祝贺，送来了一个相架和一块台布，病中的邓颖超同志也亲笔写来贺信，为简朴的婚礼增添了无限光彩。夫人沈谱是中共地下党员，党的关系转到了邓颖超同志处，由邓大姐直接领导。"皖南事变"爆发，新婚十天的范长江不得不匆匆离开妻子，前往桂林的"国新社"开年会。结婚后，沈谱一直协助丈夫长江做地下工作，过着聚少离多的生活。她在《我和范长江的婚姻生活片段》中称他们的婚姻是"走马灯似的婚姻生活"。范长江在家待不了几天就要分开，过好几个月后，好不容易凑到一起，过几天又要分开了。

一直为革命事业奋斗的范长江，没有时间照顾妻子，对大儿子范苏苏也充满愧疚。儿子近三岁了，从来没见过爸爸一面；大儿子的名字也是妻子沈谱取的。因为大儿子生在苏区，因此取名范苏苏。1949 年 6 月 3 日，范长江在妻子的大哥家，第一次见到了寄养在那里的近三岁的大儿子范苏苏。

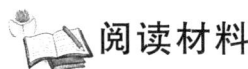

阅读材料

敌机来袭

为了摧毁中国人民的抗战意志，日军对重庆实行了连续五年半的战略轰炸。范长江与"青记"的记者们无疑在刀尖上行走，历经艰险。

有一次，敌人的飞机来了，"青记"的记者们带了一点稿子，一些账本，匆忙躲进了防空洞。飞机走了，房子被炸完了，房子里的东西全炸毁了，成了一片废墟。记者们除了身上穿的衣服外，什么都没有了。看到这种情景，他们心里产生了从来未曾有过的恐惧感和失落感：一切都毁了，今后的生活和工作怎么办？当时，范长江住在另外一处，没有受到丝毫的影响。他立即把自己的东西都给受到损失的记者们拿来了，自己什么都没有留下。衣服、被子等全都给了他们，还帮忙解决了住宿问题，鼓励大家不要害怕，继续进行抗日宣传工作，只要人在新闻就在！

快乐行动

1. 查阅"黄桥战役""皖南事变"史料，给家人或朋友讲抗日故事。
2. 长江为国家舍小家，是因为他爱自己的祖国，这种爱国情怀永远值得我们学习。现在有很多同学的父母为了支援城市建设，给家人带来更好的生活，常年在外务工，不能陪在父母和孩子的身边。你能理解这样的父母吗？请给远方的父母写封信，表达对他们的爱和感激之情。

3. 认真阅读"敌机来袭"的故事，改编成一个动人的英雄故事。

4. "走马灯"是什么意思？联系生活实际，说一件你遇到过的"走马灯"似的事件。

第五篇

优良家风

范文正公家训百字铭

孝道当竭力，忠勇表丹诚；兄弟互相助，慈悲无过境。
勤读圣贤书，尊师如重亲；礼义勿疏狂，逊让敦睦邻。
敬长与怀幼，怜恤孤寡贫；谦恭尚廉洁，绝戒骄傲情。
字纸莫乱废，须报五谷恩；作事循天理，博爱惜生灵。
处世行八德，修身奉祖神；儿孙坚心守，成家种善根。

经典诵读

弟子规（节选）

朝起早　夜眠迟　老易至　惜此时　晨必盥　兼漱口
便溺回　辄净手　冠必正　纽必结　袜与履　俱紧切
置冠服　有定位　勿乱顿　致污秽　衣贵洁　不贵华
上循分　下称家　对饮食　勿拣择　食适可　勿过则

三字经（节选）

养不教　父之过　教不严　师之惰　子不学　非所宜

幼不学 老何为 玉不琢 不成器 人不学 不知义

为人子 方少时 亲师友 习礼仪 香九龄 能温席

孝于亲 所当执 融四岁 能让梨 弟于长 宜先知

第一节　家风内容

1. 家风的含义

"家风"又称门风，指的是家族世代相传的体现家族成员精神风貌、道德品质、审美格调和整体气质的文化风格，是给家中后人树立的立身做人的行为准则。家风是建立在中华文化之根上的集体认同，是每个个体成长的精神足印。家风对家族的传承、民族的发展都有着重要影响。

2. 家风的内容

家风包括家规、家训、家谱等，一般涵盖有尊老爱幼、宽容博爱、善待他人、勤俭持家、互敬互爱、诚实守信、见义勇为、清正廉洁、爱岗敬业、崇知向上等方面的内容。

3. 家风诵读

孟　子：养身莫善于寡欲。

刘　备：勿以恶小而为之，勿以善小而不为。惟德惟贤，能服于人。

李世民：奉先思孝，处下思恭；倾己勤劳，以行德义。

颜之推：兄弟者，分形连气之人也，方其幼也，父母亲左提右挈，前襟后裾，食则同案，衣则传服，学则连业，游则共方，虽有悖乱之人，不能不相爱也。及其壮也，各妻其妻，各子其子，虽有笃厚之人，不能不少衰也。

义渡刘家规：勤劳的人手闲不住，懒惰的人嘴闲不住。不翻崇山峻岭的高山，到不了广阔的平原。

《包拯家训》：后世子孙仕宦，有犯赃滥者，不得放归本家；亡殁之后，不得葬于大茔之中。不从吾志，非吾子孙。

《朱子家训》：一粥一饭，当思来处不易。半丝半缕，恒念物力维艰。宜未雨而绸缪，毋临渴而掘井。自奉必须俭约，宴客切勿留连。

《曾国藩家书》：将一切规模立定，以耕读二字为本，乃是长久之计。

《胡氏家训》：荣辱相关，利益相及，忠义为重，财帛为轻。

广元市昭化镇城关村《贾氏家训》：忍人，让人，不欺人，才真为人；知事，懂事，不生事，自然无事。

武胜县《萧氏家训》：对尊者尊，对老者敬；对贤者仰，对智者慕；对贫者扶，对弱者助；对恶者鄙，对幼者教。

隆昌市《古氏家训》：耕读为本，忠孝传家，为官爱民，以和为贵。

庐山乐家《乐氏家训》：为官一任，造福一方。由俭入奢易，由奢入俭难。忍嘴不拖债，忍气家不败。

快乐行动

1. 说一说你家的家风是什么。你还知道哪些家风家训？
2. 试着把你父母教育你的话语记下来，并与同学分享。
3. 寻找一本家谱，并把家谱里关于家风、家训的文字抄录下来，理解其中的深刻含义。
4. 搜集有家风内容的古诗，选择其中的诗句做成书签，分享给你的家人和朋友。

第二节　家风故事

阅读材料

自律自立

司马光，字君实，号迂叟，世称涑水先生。北宋政治家，历史学家，官至宰相。司马光官高权重，严于教子，他非常注重培养子女的自律自立意识。他写的家训篇《训俭示康》传诵至今。这是司马光在总结了历史上许多达官显贵之子因受祖上荫庇不能自强自立而颓废没落的教训的基础上写成的，通过家训告诫孩子："有德者皆由俭来也。俭以立名，侈以自败。"

由于教子有方，司马光的儿子个个谦恭有礼，从不依仗父亲权势，且都事业有成。后来有个传说：在路上遇到举止端正、德行高尚的人，人们都以为是司马光的儿子。

做官不许发财

吉鸿昌，字世五，河南扶沟人，察绥抗日同盟军领导人之一。他曾在冯玉祥部

队当兵,凭借英勇善战的业绩,一步步由士兵升为营长、师长,后任国民党军长和宁夏省政府主席。

1920年,父亲吉筠亭病重,任营长的吉鸿昌前往探望父亲。父亲看着儿子,郑重地说:"当官要清白谦正,多为天下穷人着想,做官就不许发财。否则,我在九泉之下也不能安眠。"吉鸿昌含泪答应。

吉鸿昌父亲病逝后,他把"做官不许发财"六字写在瓷碗上,要陶瓷厂仿照成批烧制,把瓷碗分发给所有官兵。他在分发瓷碗大会上说:"我吉鸿昌虽为长官,但决不欺压民众,掠取民财,我要牢记父亲教诲,做官不为发财,为天下穷人办好事,请诸位兄弟监督。"吉鸿昌言行一致,一生清白谦正,处处为民请命。当日本帝国主义侵略中国,人民陷入水深火热之中时,他反对投降政策,奋起抗日。后遭国民党反动派杀害,牺牲时年仅39岁。

忠心孤胆

赵贞吉,字孟静,号大洲,1535年庶吉士,"蜀中四大家"之一,四川省内江市桐梓坝人,明代名臣、学者,南宋右丞相赵雄之后。

1550年明军与蒙古俺答激战,明军溃败,奸臣严嵩派仇鸾为总兵救急。无能的仇鸾与严嵩狼狈为奸,多次送钱送物祈求俺答撤退。最后,俺答应允撤兵,条件是大明王朝要低头认错并呈上财物。皇帝闻讯后立即召百官商议,奸臣严嵩主张和谈,群臣惧怕严嵩,均不敢言。只有不畏强权的赵贞吉厉声说道:"如果允许入贡,那我天朝颜面何在,贼人入城之后内外夹攻,又如何防守?"皇帝听后龙颜大悦。赵贞吉通过不屈不挠的斡旋,赢得了各方支持,单骑押送巨款到前线慰问官兵,鼓舞士气,反对和谈。主张抵制蒙古军队入侵,坚决捍卫国家领土主权。一周后,勤王的八万大军及时赶到,蒙古军队率军退去。此时,皇帝才知道赵贞吉的不畏强权、刚直不阿,于是下令释放被陷害的赵贞吉,并委以重任。

为纪念不畏强权、忠义孤胆的赵贞吉,四川内江城区沱江之滨的休闲广场取名为"大洲广场"。

快乐行动

1. 参观一处祠堂,学习家训内容,在班级分享他们的家风故事。
2. 查阅自己家的家谱,认真领会家训的深刻含义,听长辈讲家风故事,并与家族长辈一起制订适应新时代要求的新家训。
3. 以《我们的家风》为题,写一篇500字以内的作文。
4. 朗诵《弟子规》《三字经》,并背诵一段。

第三节 长江家风

范长江不仅是中国当代杰出新闻记者和新闻界与科技界的卓越领导者之一，而且还是一位令人肃然起敬的清正廉洁楷模。他能取得如此成就，得益于家族始终坚持以先祖范仲淹的名言"先天下之忧而忧，后天下之乐而乐"为家训。他秉承朴实的家训，走完光辉的人生。

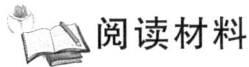 阅读材料

拒收礼金

抗战初期，日寇进攻察哈尔，作为军长的刘汝明不抵抗，没几日便让日寇长驱直入，人们称他"指挥无能，逃跑有方"。范长江实地采访后发表了《可杀！刘汝明》。新闻出来后，引发了社会人士对刘汝明的强烈谴责。刘汝明知道后想要杀掉范长江，"懂新闻"的告诉刘汝明对付新闻记者要用钱收买才是上策。于是，刘汝明派人用重金劝诱，要长江为他说好话，恢复名誉。范长江一口拒绝："钱，不会收；好话，更不会给你说；若让我给你说好话，也可以，不用你花费，只需你去抗日。"范长江没拿钱，便获得了真正的新闻自由。

因汤恩伯积极参加抗战，范长江曾写过表扬汤恩伯抗日的一篇稿件。汤恩伯知道后，送来五千大洋酬谢范长江，想请范长江以后多多为他效劳。范长江作为一位刚正的新闻人，断然拒收五千大洋，托人给汤恩伯捎了话去："莫以小人之心度君子之腹。"

范长江拒收礼金，清正廉洁，做了一位刚正的新闻人！

严于律己

中华人民共和国成立后，范长江身为高干，不搞特殊待遇，严格要求自己。他住北京罗圈胡同，单位给他分了两排房子，他觉得太宽，向组织提出要求：要退一排房。当年，房子是国有，国家负责修缮。有一次，范长江去外地搞"四清"运动后回到家来，国管局已将他家旧房子修葺一新。范长江去国管局问清修房子用了多少钱，他一分钱也没少地将钱交了去，坚决不让国家出钱。

范长江是配了公车的，公车只能用于办公，这是有制度的。公车私用要做好登记，在工资里扣钱。司机几次公车私用，没上报，范长江跟他说了几次，他没听，以为范长江摆姿态，哪想范长江发了大脾气。范长江严守规章，此后司机便严守制度了。

范长江因生病住院无法工作，他向单位请了病假，没去上班。病好后去单位，拿起工资表一看，发现他住院期间，工资一分没少，都在他的工资表上。他便对爱人说："我没有为党工作，工资应该扣除。"范长江的爱人沈谱也是操守高洁之人，

她马上主动将范长江同志生病期间的工资全上交了。

☀ 快乐行动

1. 范长江同志不但自己廉洁自律，还教育后代厉行节俭。查阅史料或向人请教，把范长江同志将自己在新四军时期使用过的旧军毯送给四儿子范小建的故事分享给你的朋友和家人。

2. 品读范长江同志的家风故事，说说你的感受，写一篇300字左右的读后感。

3. 说一件你身边发生的廉洁故事，学唱家风歌曲。

4. 写出自己的五条优点，并说说自己的优点养成与家风的关系。

第六篇

长江故里

内江市位于四川盆地东南部、沱江下游中段，东汉建县，曾称汉安、中江，距今已有2000多年的历史。1950年设内江专区，1985年改建省辖内江市，1998年经国务院批准，内江市行政区划再次调整，分为内江市、资阳地区。内江市现辖市中区、东兴区、资中县、威远县、隆昌市（县级）、经济开发区、高新区，共107个乡镇，1649个行政村，14个街道办事处，334个社区，总人口420万。由于曾经盛产甘蔗、蜜饯，鼎盛时期糖产量占到全川的68%、全国的50%，故被誉为"甜城"。

内江物华天宝、人杰地灵，旅游资源丰富，历史文化底蕴厚重，自然风光秀丽，历史古迹、殿堂庙宇、古风旧居举不胜举，森林湖泊、幽峡深谷、丘陵台地星罗棋布。独特的人文景观和优美的自然风光交相辉映，构成川东南独有的旅游胜地。蜿蜒秀丽的沱江穿城而过，甜城湖"九曲十一湾"，山水相映；"中川第一禅林"圣水寺、唐代古刹西林寺享誉八方；张大千纪念馆彰显大千遗风，范长江故居再现我国新闻事业发展历程；重龙山摩崖石刻鬼斧神工，资中文庙号称"巴蜀四大文庙"之首；"立体史书"隆昌古牌坊群世所罕见，"川南明珠"古宇湖秋水共长天一色；数百平方米连绵不断的穹窿地质地貌，四川唯一、全国罕见，百余座深山古寨，历史悠远、民情迷人。

圣水寺、顺河汉代崖墓、资中盐神庙、翔龙山石刻，成为内江市第七批全国重点文物保护单位；资中县木偶剧团、隆昌县山源棉麻纺织品有限公司分别被授予省级非物质文化遗产保护传习基地和生产性保护示范基地。威远县依托"周萝卜"酱菜制作技术和"黄老五花生糖"制作技术，建设非遗产业园区，规划总面积2平方千米，已入驻非遗企业7家。资中中型杖头木偶戏被列入国家级非遗代表性项目名录，实现国家级非遗项目"零"的突破，非遗传承人胡海被文化部评为"全国文化先进工作者"。市中区永安镇、东兴区永东乡、资中县板栗垭乡、威远县越溪镇、隆昌市双凤镇被评为"四川省民间艺术之乡"。

第一节　内江名人

苌　弘

苌弘（？—前492），东周人，字苌叔，出生于今四川省内江市资中县，周代著名学者、政治家。今资中县发轮镇龙水村有"苌弘祠""苌弘读书台"遗址。苌弘年少时喜欢读书，通晓天文、历数，精通音律、乐理。据《史记·封禅书》记载，"苌弘以方事周灵王"，至周景王时仍任大夫，常应对星象吉凶征兆之事。周敬王即位，因参谋迁都辅佐兴邦有功，升任内史大夫，执掌朝政。孔子曾访苌弘，请教和探讨音乐与天文知识，因此苌弘有"孔子之师"的美誉。

骆成骧

骆成骧（1865—1926），字公马，资中县舒家桥人。在父亲的教导下，17岁中秀才，19岁以第一名的成绩考入成都尊经书院深造，博学精思，成绩优异，深得书院主讲王壬秋器重。1895年，光绪帝钦定为京科状元。1906年，骆成骧留学日本，汇编《宪法议院法渊鉴》，与广西的颜楷、王之祥合称"三贤"。曾任翰林院修撰（正五品）、陕西提学使、四川省临时议会议长、四川高等学校（现四川大学）校长、四川国学专门学校校长、成都"武士会"会长等职。骆成骧家无恒产，有"穷状元"和"末代状元"之称。

黄济川

黄济川（1861—1960），内江市东兴区观音滩人。年少时读私塾，16岁学木工，27岁身患疾病在现自贡市富顺县医生钟心裕处就医，后拜钟为师。黄济川恪守钟心裕"医乃仁术、救人危急、不以名利为务"的教诲，认真学习外科医术。学成后，在内江、泸州、资中、重庆等地就医10余年，妙手回春，巴蜀闻名。1955年5月1日，成都市人民政府拨款修建"黄济川痔瘘专科医院"，黄济川任院长。有《痔瘘治疗法》一书传世，"痔瘘专家"之名闻于全国。

张大千

张大千（1899—1983），原名正权，法名大千（未受戒），四川内江市中区人，1899年5月出生于四川省内江市中区城郊安良里的一个书香门第的家庭，中国泼墨画家、书法家。20世纪50年代，张大千游历世界，获得巨大的国际声誉，被西方艺坛赞为"东方之笔"，又被称为"临摹天下名画最多的画家"。他与二哥张善子创立"大风堂派"，是20世纪中国画坛最具传奇色彩的泼墨画工。其诗、书、画与齐白石、溥心畬齐名，故又并称为"南张北齐"和"南张北溥"，与黄君璧、溥心畬以"渡海三家"齐名。巴黎展出《秋海棠》，荣获纽约"国际艺术协会"金奖，被选为"当代世界第一大画家"，在圣保罗市举办画展，名震巴西。

喻培伦

喻培伦（1885—1911），字云纪，内江市中区人。1905年10月留学日本，1908年7月入千叶专门医学校药科研制炸药。同年赴香港，试制"安全炸药"成功。1910年拟炸庆亲王失败，1911年参加广州起义立功，不幸受伤被俘遇害。民国元年，临时大总统孙中山追封喻培伦为大将军，广州黄花岗七十二烈士之一，享有"炸弹之王"的美称。1930年，于内江县城南街建喻培伦大将军祠。1981年8月，内江市人民政府于人民公园建立喻培伦大将军纪念碑，1985年在纪念碑旁建大将军纪念堂。

第二节　魅力田家

田家镇位于东兴区东北部，地处东兴区腹心，距城区12千米，小青龙河绕镇而过，辖区面积40.66平方千米。1994年7月被批准为市级重点示范镇；2000年被批准为省级示范小城镇；2014年1月被评为全国重点镇；2014年7月被评为省级"百镇建设行动"试点镇。辖16个村2个社区，135个村民小组，10个居民小组，耕地面积21 792亩。

田家镇特色农业发展项目：世外桃园"星级农家乐"、内江市农业科学院田家科技示范园、四川内江千草中医药康养文化村建设等正稳步推进；小微农企业发展迅速。红碑、都堂、碧云寺等3个村成功创建市级"四好村"，正子村成功创建省级"四好村"。"甜城味"优质农产品——田家紫皮大蒜产业，申报"田家紫皮大蒜"商标，形成品牌效应。全力推进范长江故居商业街、酒店、新闻培训基地等项目建设，打造集"红色教育、文化博览、田园风光、农耕体验"于一体的乡村旅游胜地。

田家镇按照创新、协调、绿色、开放、共享五大发展理念要求，以产业兴旺、生态宜居、乡风文明、治理有效、生活富裕为目标，全力打造"文农旅"融合发展特色小镇，深入推进幸福美丽田家建设，努力打造内江都市现代农业样板区、全省一流现代农业产业园区、西部独具特色田园综合体、全国乡村振兴战略示范区，书写乡村振兴战略田家生动篇章。

第三节　长江故居（纪念馆）

范长江故居（纪念馆）坐落于山水环抱、风景秀丽的四川省内江市东兴区田家镇赵家坝社区，是新中国新闻先驱范长江出生和青少年时期生活的地方，距内江城区12千米。旧宅有上百年历史，串架镶板结构，拥有四个天井的宅院，小青瓦屋面，是典型的川南民居风格。100多年前，这所院子里住着范氏家族四世同堂的大家庭，长江同志家就住在东南厢房的末端。

为更好地纪念这位新中国新闻事业的奠基人和开拓者，2006年经中共中央办公厅秘书局批准同意启动故居修复工作，于2009年在范长江诞辰100周年之际建成开馆，并于2014年12月16日改陈布展，重新对外开放，喜迎八方贵宾。我们在这里看到1909年10月16日是长江同志人生的起点，这里记录着长江同志的人生足迹，向大家展示了一段真实的历史和一座伟大的人生坐标。长江同志的一生是不断追求光明、追求进步的一生，是不懈奋斗的一生。

建成后的范长江故居（纪念馆）分为"少年时期""求学之路""西北之行""红色报人""科技之光""长江滚滚"六大主题展区，共展出历史照片500余幅、珍贵实物50余件、书信文稿2100余册；同时采取触摸显示和感应语音等现代多媒体及高科技手段，全面展示了范长江同志的生平事迹。如果从空中来看，陈列馆就像一张半卷的报纸，象征着长江同志为之奋斗一生的新闻事业。此外，故居内还设置了长江故里二十世纪社会变迁馆和长江大课堂两大特色展区，以专题形式对长江故里二十世纪的社会变迁和历届"范长江新闻奖"获奖者进行了详细介绍。范长江故居于2018年新建了一座廉政教育馆，展陈廉政故事，是内江廉政教育基地。

范长江故居（纪念馆）自对外开放以来，每年接待社会各界人士20余万人次，先后被命名为四川省科普基地、四川国防教育基地、四川省爱国主义教育基地、全国爱国主义教育示范基地。

快乐行动

1. 查阅范长江故居廉洁馆的资料，参观纪念馆和廉洁馆，写一篇通讯，分享给你的朋友。
2. 给家人或朋友讲范长江的革命故事，摘抄范长江的励志名言。
3. 将范长江纪念馆的美图分享到QQ、微信或微博朋友圈，加大宣传，让更多的人学习长江精神。

第四节　甜城特产

1. 内江蜜饯

内江素有"甜城"的美誉，"甜城"之称的由来就是这经久不衰的蜜饯，所以内江蜜饯亦称"甜城蜜饯"。它素以"色泽透明，饱糖饱水，滋润化渣，味美香甜"的独特风格，深受人们的喜爱。内江蜜饯早在唐代就被列为皇家贡果，至今久负盛名，经久不衰。产品形态多样，味道各异，保糖保汁、滋润化渣，香甜可口，入口生津。

2. 田家紫皮大蒜

田家紫皮大蒜具有质脆、味浓等特点。田家紫皮大蒜是单层蒜，表面光滑，鳞茎外皮呈紫色，易去皮，瓣少而个体肥大，被誉为"蒜大王"。四川省内江市东兴区田家镇、太安乡、高粱镇、高桥镇、东兴街道、柳桥乡、同福乡、新店乡8个乡镇现辖行政区域田家紫皮大蒜为地理标志保护产品。

3. 新店七星椒

新店七星椒以辣素重、回味甜而闻名，具有的皮薄肉厚、辣味纯香、口感良好、营养丰富等特点，富含大量维生素C、各种氨基酸、胡萝卜素、辣红素及钙、磷、铁等矿物质，被誉为中国第一香辣，是全国优质农产品，曾出口韩国、菲律宾、荷兰、新加坡等国家，在全国和国际上具有一定知名度。七星椒现已开发出干椒、泡椒、椒面、节椒、糍粑椒等5大系列，20多个品种，深受消费者喜爱。自2007年12月13日起，对新店七星椒实施地理标志产品保护。

第五节 甜城旅游

内江物华天宝、人杰地灵,旅游资源丰富,历史文化底蕴厚重,自然风光秀丽。历史古迹、殿堂庙宇、古风旧居举不胜举,森林湖泊、幽峡深谷、丘陵台地星罗棋布。独特的人文景观同优美的自然风光交相辉映,构成川东南独有的旅游胜景。

1. 地标钟鼓楼

内江钟鼓楼的建筑规模虽然不大,但也是当年城区内最高的建筑,每当报时的钟声响起,全城人民都能听见。其历史内涵极为丰富,被称为内江袖珍博物馆,是古内江的标志性建筑。有史料记载,明洪武初年,在内江县署(现市中区政府)大门前,"筑台卷洞,上构谯楼"。光绪年间,楼毁于火,后重新修建。1945年抗战胜利后,内江号召民众捐资,并拆掉原来的谯楼建成钟鼓楼,表达人民对抗战胜利的庆贺。

一块纪事碑上有以下记载:十四年抗战中,内江两次遭日机轰炸,县府亦罹于难。县长黄希濂于繁忙政务之余,亲自担纲图纸设计并督率兴建,历四月而成。建成后的钟鼓楼坐北朝南,尖顶筒瓦、翼角,楼基为正方形,边长5.7米,条石筑砌,南北拱券设门。

钟鼓楼底层墙体上镶嵌有14幅石刻,内容是振兴民族、庆祝抗战胜利的"还我河山""拯民水火""多难兴邦""至诚大公""凯旋"等题词,落款有张群、于右任、冯玉祥、黄希濂等。抗战时期,内江处于成、渝两地的公路的中段,过往的民国要员们,一般会选择在内江做短暂的停留。所以,这些题词大多数是他们亲自篆刻的,具有较高的历史文物价值。

改革开放以来,内江日新月异,钟鼓楼始终见证着内江城市建设的每一个变化。它每天所发出的声音依旧是那样浑厚有力,催人奋进,是内江城区一道不可或缺的人文古迹。

2. 翔龙山麓摩崖石刻

据史料记载，内江市市中区翔龙山古称"香山"。在长达 200 多米的翔龙山山崖上，据不完全统计，有 54 个造像神龛，分布着唐、宋、明、清等历代摩崖造像 386 尊，石刻书法 13 处。山崖下有一座依山而建的仿木小楼，挂着"摩崖精舍"四个字。

翔龙山下的原资圣寺遗址上，最引人瞩目的是左边造像区内一块诗碑，碑上诗文"一声何处牧歌来，万户千门此处开。识得此中真实义，不知那地有安排"。字体苍劲古朴，飘逸自然。从落款来看，是由明代礼部尚书赵贞吉所撰，民国十年国画大师张大千亲笔所书。其二人均为内江籍的历史名人，如今两人的作品汇集于一块碑上，异常珍贵。

3. 东兴老街

随着甜城湖边东兴古镇"清代一条街"的成功修建，古朴的建筑融合了浓郁的现代商业气息，不断演绎出古街风俗文化，如美味馋人的小吃、五花八门的工艺品、川剧戏台上的古装戏和古色古香的茶馆等，让人流连忘返。

东兴老街全长 250 米，距今已有上百年历史，曾经是内江北部水陆交通要道和重要的商贸口岸，具有浓郁的内江文化色彩。老街的旧貌就像传统商业的清明上河图，有古牌坊、民居、茶馆、戏楼、店铺等。近年来，东兴区通过复制、重建，老街巧妙地糅合在内江这座现代都市中。"清代一条街"让年长者多了一份怀旧情愫，让东兴古镇焕然一新，也让整个甜城更具文化魅力。

4. 美丽甜城湖

这座"汉安古城"有着秀丽的两岸景色和厚重的人文气息。东汉建县，名为汉安，隋代改为内江，民国时更以"甜城"驰名。崇文的蜀文化和崇武的巴文化在这里交融，铸就灿烂悠久的内江文化。内江城依沱江而建，沱江河道蜿蜒曲折，两岸滩急、洲美。内江城区段的沱江"九曲十一弯"，穿城而过，形成了六个半岛的奇特的天然地貌，使得内江城具有"江中之城"的资源优势。

漫步在甜城湖两岸建成的亲水步道上，一路感受美丽的甜城湖风光：欢快跃起的鱼儿、水面泛起的层层波浪、微风吹起的圈圈涟漪、翻飞往来的水鸟……这一幕幕，随着人们悠闲自在的步伐扑进视野，让人感受到大自然的无穷魅力。大洲广场处于甜城湖中心位置，"大洲"的得名来源于明代宰相、内江历史文化名人赵贞吉（号大洲）。广场与西林公园和张大千纪念馆隔江相望，东西长 1100 米，南北宽 96~165 米，呈星月形，面积约 14 万平方米。大洲广场是一个集休闲、娱乐、观光、集会为一体的大型综合性城市广场和绿化中心，已成为川南地区最大的城市中心广场，也是内江人气最旺的休闲场所之一。

沱江水清见底，生态保护较好，是内江重要的生态氧吧，我们赋予它"甜城湖"的美称，足见内江人民对它的喜爱和依赖。

5. 隆昌石牌坊

"中国石牌坊之乡"隆昌的石牌坊群是全国重点文物保护单位。2013年1月30日，石牌坊旅游景区成功创建为全市首个国家AAAA级旅游景区。石牌坊集中在隆昌县城南北二关，共13座，如串珠状坐南向北排列，横跨在县城金鹅街道城南、城北的巴蜀古驿道上；另有4座石牌坊散布在响石镇、李市镇、渔箭镇。

隆昌石牌坊群行制多为四柱三门三重五滴水牌楼式，全是隆昌本地青石仿木结构营造，榫头衔接，柱板槽扣，浑然一体。檐下横向一般三层石梁，当心间大多精工镌刻九龙或五龙匾图形，匾内浮雕"圣旨""德政""功德""节孝"等字。四大立柱底座抱鼓石上雄踞青狮白象护坊，横梁及四柱皆凿刻成坊的年代、社会名流和书法名家题书的精美楹联，精工细刻出幅幅人物场景、飞鸟怪兽、山石水草、花鸟鱼虫等多种图案，使座座牌坊充满深刻的文化内涵和巧夺天工的艺术魅力。

隆昌石牌坊蕴含着深刻的政治内容、丰富的文化内涵、古朴的哲学思想与独特的审美判断；演绎着巴蜀古道上一段独特的历史，积淀着古老华夏文明的精髓。它为现代"反腐倡廉""崇尚敬老""讲求孝敬""乐于助人"等提供了范例，不愧为中华民族的瑰宝！

6. 资中文武双庙冠全川

资中文庙又名学宫，位于县城北门外状元街，为国家级文物保护单位。清道光九年（1829）迁建于此，距今已有180余年历史。文庙坐北向南，前后有四进院落，层次分明，从万仞宫墙开始，依次有外月池、照壁、灵星门、泮池、大成门，大成殿排列在南北中轴线上；前后大门、乡贤祠、名宦祠、钟楼、鼓楼、东庑、西庑对称分布两侧。琉璃盖顶，红墙黄瓦，古色古香，极具南方古建筑俏丽精巧的风格。文庙又称孔庙、夫子庙，是我国古代读书人的神圣殿堂。

武庙又称关帝庙，是祭祀关羽、刘备、张飞、岳飞的庙宇，始建于明嘉靖年间，清乾隆、同治时期先后三次补修、扩建。民国元年（1912）为纪念民族英雄岳飞，在正殿左侧又加建了一座武星殿。庙坐北向南，前后四进，占地面积近4000平方米，建筑面积约2300平方米。主建筑照壁、月池、七星门（五个并排石坊）、朝贡殿、练武场、比武台、关圣殿依次排列在南北中轴线上；次建筑左右厢房、鼓楼、钟楼、东西廊道、武星殿（原名启圣宫）、三义祠对称分布在东西两侧。

1980年，资中文庙被列为四川省文物保护单位，收入《中国名胜词典》。2002年，四川省人民政府将文庙、武庙合并为一处，公布为四川省文物保护单位。2006年5月，资中文武双庙被公布为全国重点文物保护单位。

7. 罗泉古镇

资中县罗泉镇是中国100个千年古镇之一，至今仍保持着浓郁的古镇风貌，保存着对辛亥革命有重大影响的、具有重要纪念意义的、全国著名的"罗泉井会议"遗址，全国唯一发现的盐神庙，以及被誉为"川中奇观"的罗泉溶洞等无数珍贵的名胜古迹。古镇在 1992 年被批准为四川省首批历史文化名镇，2008 年被列为中国第四批历史文化名镇。

罗泉人在 2200 多年前，比"盐都"自贡（东汉章帝时期开始产盐）还早 500 年，开创了凿井取盐的时代，是我国最早生产井盐的地区之一。盐神庙建于清同治七年（1868），占地约 4000 平方米，建筑精巧，气势雄伟。盐神庙是全国唯一以制定我国第一部盐业大法的管仲作为祭祀对象的庙宇，为研究我国古代井盐发展史珍贵的实物资料。2013 年 5 月，盐神庙被国务院列为全国重点文物保护单位。

第七篇

长江年表

1909年10月,出生于四川省内江市赵家坝村没落地主家庭,原名范希天。母亲以个人手工劳动收入供他读书,先后在内江中学和资中省立六中读书。

1927年初,转入吴玉章所办的位于重庆的中法大学重庆分校学习。"三三一"惨案后,逃往革命中心地武汉。加入贺龙二十军开赴南昌,参加"八一"起义。后随部队进入汕头,重病几死。

1928年下半年,当看护兵,经广东、福建、江西、安徽一带到达皖北。后考入南京中央政治学校,入乡村行政系学习。

1931年"九一八"事变后,怒斥国民党不抵抗政策,愤而离校。

1932年初到北平,度过艰苦的工读生活,后进入北京大学哲学系学习。

1933年1月参加辽吉黑抗日义勇军后援会赴热河凌源劳军,被日军冲散,被乱军绑架。回北平后,发起组织北京大学生长城抗战慰问团,赴长城各口劳军。

1933年下半年,为《北平晨报》《世界日报》及天津《益世报》《大公报》投稿,后专任天津《大公报》通讯员。

1935年5月,以《大公报》特约通讯员名义离平赴成都,7月开始赴西北考察旅行。历时10个月,足迹及于川、陕、青、甘、宁等地区,陆续在《大公报》发表旅途通讯,轰动全国,正式成为《大公报》特派记者。

1936年8月,化装去西蒙居延海一带,了解日本西侵情况。绥远抗战爆发,赴红格尔图、百灵庙采访。

1937年初,西安事变后,只身进入西安,后又赴延安。先后访问周恩来、毛泽东等领导人,打破国民党新闻封锁,宣传党的抗日民族统一战线政策。4月,赴四川采访水灾,写长篇通讯《川灾勘察记》。7月,卢沟桥事变爆发,奔赴冀、察、晋前线采访,发表大量战地通讯。

1938年3月,在武汉成立中国青年新闻记者学会。会后与陆诒奔赴徐州前线,采访台儿庄战役、徐州会战。后突围回武汉,编辑《徐州突围》出版。10月,武汉撤退前夕,与《大公报》领导人发生政治观点分歧,愤然离开。筹组国际新闻社。10月下旬,国新社在长沙成立,后迁桂林。

1939年，来往于桂林、重庆间，领导"国新社""青记"工作。5月，加入中国共产党。

1940年年初，日军入侵广西，昆仑关激战。率桂林文化新闻工作团赴前线劳军。冬赴昆明，访龙云，与昆明"战国策"派论战。年底，返重庆，与沈谱结婚。后赴桂林召开"国新社"年会。

1941年年初，皖南事变后，国民党特务机关密令逮捕长江，故撤退到香港，创办《华商报》。"青记""国新社"被迫关闭。在《华商报》上发表长篇连载《祖国十年》。

1941年年底到1942年，日军发动太平洋战争，香港沦陷。逃出香港，赴桂林，后经武汉、上海进入苏北解放区。先后担任新华社华中分社、华中总分社和《新华日报》（华中版）社社长，兼任华中新闻专科学校校长等职。

1946年5月赴南京，任中共代表团发言人。国共谈判破裂后，撤退到延安。后随毛泽东、周恩来转战陕北，负责宣传工作。

1949年，中华人民共和国成立后任新华社总编辑、上海《解放日报》社社长、新闻总署副署长、《人民日报》社社长等职。

1952年任政务院文化教育委员会副秘书长。

1954年任国务院第二办公室副主任。

1956年任全国科协领导人之一。

1970年，受"四人帮"残酷打击，12月23在河南确山干校被迫害致死。

1978年12月27日，在八宝山革命公墓隆重举行追悼会，为他平反昭雪，恢复名誉。

（方蒙：《范长江传》，中国新闻出版社1989年版，第303-304页。）

第八篇

余音犹存

1. 合理的教育应当是启发青年的思想，使他们能对于宇宙和人生的法则有正确的把握，然后配合着时代的环境和个人的兴趣与修养，培养他们的服务于人类和国家的能力。

2. 新闻就是广大群众欲知、应知而未知的重要事实。

3. 抱负、理想不是个人主义，这是我们的国家、广大群众所要求希望于记者的。一个记者，如果能为一个伟大理想而工作，那是很值得鞠躬尽瘁、死而后已的。

4. 如果说国家的主体在人民，人民才是国家的主人，人民大众的利益才是国家的利益。真正站在"人民的立场"才是"国家的立场"。

5. 社会的发展如果脱离以一般社会福利为中心的正轨，让"钱"与"势"交相为用地集中于一部分人之手，必生不平之鸣。

6. 只有人格健全、高尚的人才配作新闻工作者。

7. 新闻是报纸的生命，是报纸的灵魂，新闻必须是事实，谣言不是新闻，感想不是新闻，一定是事实。

8. 政治措施之目的是为政权自己或是为人民，这是根本不同的两条路。前者是不可告人之"私"，后者是天下为公之"公"。

9. 要谋国家之真正统一，不在强迫各个集团牺牲其利益，而在合各集团利益为国家总利害，在事实上打破各集团的鸿沟，则国家内部纠纷可减少至最低限度。

10. 不要再内战啊，所有的中国人，都团结起来，一致对外，我们才有希望。

11. 政府只有在与人们大众基本利益一致的条件下，始能得到人们的拥护，始能真正代表国家。

12. 这个社会真正需要无数有操守的记者，代表人民的利益而奋斗。

13. 欲成大河者，必长其源，欲成大事者，必固其基。源愈长，则此河之前途愈有奔腾浩荡之日。基愈固，则人生事业愈不敢限其将来。

14. 要想做一个顶天立地的记者，非有高度的牺牲精神不为功。

15. 我们的时代也有我们这个时代的问题，在各项革命和建设工作中，永远有正确和错误、先进和落后的斗争，永远需要我们献身真理的精神，勇敢地站在正确和先进方面，推动我们的事业前进。

16. 一个记者好坏不是编辑部批准了就算数的，首先要由群众批准。正如一个作家，不是谁封的，而是由群众公认的，记者应该是活动在群众中，他是人民群众中间的一个活动家，了解广大群众的动态、思想感情，熟悉群众的生活和问题。

17. 横眉冷对众虎狼，俯首甘随牧牛郎。层层迫害骨愈坚，种种欺蒙瓦上霜。手无寸铁兵百万，力举千钧纸一张。坚持真理勇战斗，先生火炬照四方。

第九篇

实践活动

长江小记者

一、选题背景

要想更深入地了解范长江同志的光辉业绩，只是学习他的事迹、品读他的锦绣文章等远远不够，我们还要学习他热爱祖国、刻苦钻研、深入一线、无私无畏、求真务实的革命精神，努力学习通讯写作方法，争做优秀"长江小记者"，以实际行动缅怀长江同志。

二、活动目标和重难点

1. 认知目标：让学生了解通讯的写作方法，学会写通讯。
2. 能力目标：让学生学会收集、整理资料，增强自主探究的意识，培养学生发现问题、解决问题的能力。
3. 情感态度目标：通过实践活动感受长江同志的伟大，弘扬革命精神，传承红色文化。
4. 活动重点：学习写作方法，写好通讯。
5. 活动难点：学习长江精神，坚持克服各种困难进行采访，做合格的小记者。
6. 活动形式：上网查询、查阅书籍、实地寻访、合作交流、分组讨论等。

三、活动安排及其依据

1. 活动时间：本次活动时间为八周，分四阶段实施：准备阶段、实施阶段、总结阶段、拓展延伸阶段。
2. 设计依据：活动安排始终坚持学生的自主选择和主动参与，注重学生的亲身体验，重视学生全体参与、学会分享、学会合作，让学生成为活动的主体。

四、活动过程

第一阶段：活动准备阶段

1. 创设情境，精心导入课题。（播放宣传长江的视频）

2. 学生自行分组，各组自由确定和选择活动内容。

3. 分组讨论，制定方案。

让同学们根据自己的兴趣、爱好自由组成活动小组，共同讨论制定活动方案，各小组汇报活动方案，在同学们的建议下各组进一步完善方案。

第二阶段：活动的实施

方案制定后，学生们立刻分工行动起来。按制定的方案开始分组实施，填写活动记录表，写下自己的感受。

第三阶段：成果汇报

通过活动的开展，学生收获很多。汇报以小组的形式展开，充分体现了学生团结合作的能力，教师给予适当的评价和鼓励。（这一阶段把重点放在指导学生将活动后的成果用何种方式进行展示上。）

第四阶段：拓展延伸

活动结束了，但孩子们的行动还在继续。学生还可以通过多种途径继续开展活动，如优秀通讯评选、校园小广播、范长江手抄报和黑板报、建立"长江小记者站"、做范长江故居或纪念馆的"小小解说员"等形式。

五、总结和反思

综合实践活动是学生的活动，这就要求我们在活动开展过程中充分尊重学生的实际，充分体现学生的主体作用，让学生在活动中成长。活动结束后，师生进行总结和反思，进一步改进活动方法，提升活动质量。

附　录

附录一　社会主义核心价值观

富强　民主　文明　和谐

自由　平等　公正　法治

爱国　敬业　诚信　友善

附录二 校 赋

田家镇中心学校赋
艾艳萍

青龙河畔人杰地灵，长江故里山水吉祥。富庶田家声名远扬，创新学校无限荣光。忆往昔，三易校名星火相承，雪雨风霜砥砺前行。稚子千余展露锋芒，扬帆启航励志图强。良师数十献青春，诲人不倦育栋梁！

美哉，校园！二十余亩，风姿卓然。外揽青山绿水之秀丽，内得人文祥和之灵瑞。高楼幢幢，寒来暑往书声琅琅，让尔肃然起敬；花木榛榛，春华秋实鸟语花香，令吾心驰神往。任凭青春惬意徜徉，放飞雏鹰强国梦想！

妙哉，管理！严谨灵活，求真务实。自强不息开拓创新，家校携手其利断金！且看教师，言传身教敬业奉献，恪尽职守为人师表！再观学子，全面发展立志辉煌，百折不回长风破浪！乐教勤教善教，教有风范；乐学勤学善学，学有规章。厚德载物扬良师风尚，励精图治助学子翱翔。

壮哉，业绩！质量求生存，拼搏创名校。试看教学楼上，莘莘学子频开知识宝库；且说绿茵场上，挥汗如雨屡登荣誉殿堂。文明得以传承，法制得以推广，幼苗得益根深，茂树喜获沃壤。姹紫嫣红竞春色，田家教育最芬芳！和谐校园星星气象，长江精神世代传扬！

壮怀歌曰：赞吾田家，桃李八方；群星璀璨，源远流长！再乘世纪风，任重而道远，不负百姓重托；唯志存高远，意气正方遒，誓铸民族希望！斯业惟佳，创东兴之特色；其德惟馨，谱甜城之华章！

附录三 小学生日常行为规范（修订）

1. 尊敬国旗、国徽，会唱国歌，升降国旗、奏唱国歌时肃立、脱帽、行注目礼，少先队员行队礼。

2. 尊敬父母，关心父母身体健康，主动为家庭做力所能及的事。听从父母和长辈的教导，外出或回到家要主动打招呼。

3. 尊敬老师，见面行礼，主动问好，接受老师的教导，与老师交流。

4. 尊老爱幼，平等待人。同学之间友好相处，互相关心，互相帮助。不欺负弱小，不讥笑、戏弄他人。尊重残疾人。尊重他人的民族习惯。

5. 待人有礼貌，说话文明，讲普通话，会用礼貌用语。不骂人，不打架。到他人房间先敲门，经允许再进入，不随意翻动别人的物品，不打扰别人的工作、学习和休息。

6. 诚实守信，不说谎话，知错就改，不随意拿别人的东西，借东西及时归还，答应别人的事努力做到，做不到时表示歉意。考试不作弊。

7. 虚心学习别人的长处和优点，不嫉妒别人。遇到挫折和失败不灰心，不气馁，遇到困难努力克服。

8. 爱惜粮食和学习、生活用品。节约水电，不比吃穿，不乱花钱。

9. 衣着整洁，经常洗澡，勤剪指甲，勤洗头，早晚刷牙，饭前便后要洗手。自己能做的事自己做，衣物用品摆放整齐，学会收拾房间、洗衣服、洗餐具等家务劳动。

10. 按时上学，不迟到，不早退，不逃学，有病有事要请假，放学后按时回家。参加活动守时，不能参加事先请假。

11. 课前准备好学习用品，上课专心听讲，积极思考，大胆提问，回答问题声音清楚，不随意打断他人发言。课间活动有秩序。

12. 课前预习，课后认真复习，按时完成作业，书写工整，卷面整洁。

13. 坚持锻炼身体，认真做广播体操和眼保健操，坐、立、行、读书、写字姿势正确。积极参加有益的文体活动。

14. 认真做值日，保持教室、校园整洁。保护环境，爱护花草树木、庄稼和有益动物，不随地吐痰，不乱扔果皮纸屑等废弃物。

15. 爱护公物，不在课桌椅、建筑物和文物古迹上涂抹刻画。损坏公物要赔偿。拾到东西归还失主或交公。

16. 积极参加集体活动，认真完成集体交给的任务，少先队员服从队的决议，不做有损集体荣誉的事，集体成员之间相互尊重，学会合作。积极参加学校组织的各种劳动和社会实践活动，多观察，勤动手。

17. 遵守交通法规，过马路走人行横道，不乱穿马路，不在公路、铁路、码头玩耍和追逐打闹。

18. 遵守公共秩序，在公共场所不拥挤，不喧哗，礼让他人。乘公共车、船等主动购票，主动给老幼病残孕让座。不做法律禁止的事。

19. 珍爱生命，注意安全，防火、防溺水、防触电、防盗、防中毒，不做有危险的游戏。

20. 阅读、观看健康有益的图书、报刊、音像和网上信息，收听、收看内容健康的广播电视节目。不吸烟、不喝酒、不赌博，远离毒品，不参加封建迷信活动，不进入网吧等未成年人不宜入内的场所。敢于斗争，遇到坏人坏事主动报告。

参考文献

[1] 陈涛. 新闻巨子范长江评传[M]. 北京：中国文史出版社，2014.
[2] 中共四川省委党史研究室，中共内江市委党史研究室. 四川省革命历史遗址通览[M]. 北京：中共党史出版社，2014.
[3] 方蒙. 范长江传[M]. 北京：中国新闻出版社，1989.
[4] 范长江. 通讯与论文[M]. 北京：新华出版社，1981.
[5] 范长江. 中国的西北角[M]. 成都：四川大学出版社，2010.
[6] 范长江. 塞上行[M]. 北京：新华出版社，1982.
[7] 沈谱. 范长江新闻文集[M]. 北京：中国新闻出版社，1989.
[8] 胡愈之，夏衍，等. 不尽长江滚滚来——范长江纪念文集[M]. 北京：群言出版社，1994.
[9] 中共内江市党史研究室，内江市地方志办. 内江胜览[M]. 北京：中国文史出版社，2015.
[10] 翁礼明，姚伟民. 范长江研究论丛[M]. 成都：四川大学出版社，2017.

后 记

东兴区（原内江县）具有光荣的革命传统，是四川地下党团组织建立较早的地区之一。1923年2月16日，中国社会主义青年团内江地方团组织正式成立。1926年2月，中共内江县特别支部在内江城内成立。自1928年至1931年期间，内江县党组织农民自卫队先后发动进行抗捐抗租、武装暴动、拥红运动等革命运动，与"帝、官、封"进行艰苦卓绝的斗争，用血与火、血与泪写下彪炳千秋的光辉历史。

内江市东兴区有着光荣的革命斗争史。为了继承先辈的革命传统，发挥长江精神的教育作用，在东兴区委、区政府、区教育局和田家镇政府的领导下，在范长江纪念馆的大力协助下，经过努力，《烽火中行走的活新闻》终于脱稿付梓了。

这本书的编写，感谢内江市东兴区委、区政府、东兴区教育局和东兴区田家镇党委、政府的大力支持，感谢内江市党史研究室、内江市地方志办、内江市档案局、东兴区地方志办、东兴区党史办、东兴区档案局、市中区档案局、范长江纪念馆以及范长江纪念馆馆长段瑞明同志、田家镇中心学校退休教师黄顺友等单位和个人提供的宝贵历史资料，感谢提供文字史料和图片的单位、作者、出版社。编写本书的根本目的在于提高范长江同志的知名度和关注度，不忘初心，砥砺前行！

书中采用文字资料来自内江市党史研究室、内江市地方志办、内江市档案局、东兴区地方志办、东兴区党史办、东兴区档案局、市中区档案局、范长江纪念馆等单位提供的《四川省革命历史遗址通览》《中共内江县地方党史资料汇编 1919—1949》《红色东兴》《红色记忆》《新闻巨子范长江评传》《范长江传》《范长江新闻文集》《塞上行》《中国的西北角》《内江古今名人》《内江胜览》《范长江纪念文集》《抗战文史选集》《文史资料选辑》《我的自述》《通讯与论文》《范长江研究论丛》等书籍和电子资料，选用时进行了删减和修改。

由于作者编写水平有限，书中难免有疏漏之处，诚请读者不吝批评指正。

内江市东兴区田家镇中心学校
艾艳萍
2018年5月26日